Orgullosamente Episcopal

T0268529

Orgullosamente Episcopal

Proclamando la Buena Nueva de la Iglesia Episcopal

C. ANDREW DOYLE

Morehouse Publishing

NEW YORK · HARRISBURG · DENVER

Morehouse Publishing, 4775 Linglestown Road,
Harrisburg, PA 17112

Morehouse Publishing, 445 Fifth Avenue,
Nueva York, NY 10016

Morehouse Publishing es una sucursal de
Church Publishing Incorporated.
www.churchpublishing.org

Diseño de la portada por Laurie Klein Westhafer
Diseño de páginas por Vicki K. Black
Imprenta por Linda M. Brooks

Biblioteca del Congreso de datos, catalogación en Publicacion

Un registro de este libro está disponible en el catálogo de
la Biblioteca del Congreso

ISBN-13: 978-0-8192-2986-1 (pbk.)
ISBN-13: 978-0-8192-2987-8 (ebook)

Impreso en los Estados Unidos de América

Contenido

¿Cuál es la buena nueva de la Iglesia Episcopal?

La buena nueva es que en nuestra
    Iglesia Episcopal
amamos a Dios en Cristo Jesús,
amamos nuestra tradición,
y amamos a nuestras comunidades.

Agradecimientos

ste libro fue creado para ayudar a personas a comprender nuestro testimonio único de Dios a través de la tradición de la iglesia Episcopal. Para otros, este libro es una oportunidad para ver nuestra iglesia de nuevo como por primera vez. Amo a Jesús y amo a nuestra tradición.

Soy orgullosamente Episcopal y quiero que otros sientan el amor de Dios y de nuestra iglesia como yo lo he sentido durante todos estos años.

Agradezco a Denise Treviño-Gómez por la traducción, a también la Reverenda Cynthia Ruiz y a Ivette Reyna por su ayuda durante el proceso de reflexión y traducción.

También, agradezco a JoAnne, mi esposa, quien me animó a escribir. Estoy muy agradecido con la Reverenda Kelly Demo, quien me ayudó a empezar a recolectar mis textos escritos de varios sermones y charlas. También agradezco a la Reverenda Stephanie Spellers, mi editora en Church Publishing, quien me animó a realizar esta obra. Ella ofreció sus talentos

críticos como una obra de amor hasta llegar a las
ediciones finales.

Más que nada, estoy agradecido con mi familia,
los Doyles y los Illingworths que pasaron su tradición
a mis queridos padres Charles y Sylvia Ann, quienes
me mostraron la profundidad espiritual, la sabiduría
y la tradición de nuestra Iglesia Episcopal. Ellos me
enseñaron a orar. Mi padre era un sacerdote episcopal
y él me inculcó un amor hacia nuestra alabanza y
nuestra historia.

Mis padres también creían que la belleza de la
liturgia está conectada y entrelazada con las obras, que
enriquecen la vida de las personas. Creciendo durante
el movimiento de los derechos civiles y la guerra de
Vietnam, ellos me inspiraron a hacer un compromiso
de llevar al mundo el testimonio del Evangelio, donde
sea y cueste lo que cueste.

Por todas éstas e innumerables otras bendiciones que
he recibido de la iglesia Episcopal, estoy agradecido.

Dios Omnipotente, Padre de toda misericordia,
nosotros indignos siervos tuyos, humildemente
te damos gracias por todo tu amor y benignidad
a nosotros y a todos los seres humanos. Te
bendecimos por nuestra creación, preservación
y todas las bendiciones de esta vida; pero sobre
todo por tu amor inmensurable en la redención
del mundo por nuestro Señor Jesucristo; por los
medios de gracia, y la esperanza de gloria. Y te
suplicamos nos hagas conscientes de tus bondades
de tal manera que, con un corazón verdaderamente
agradecido, proclamemos tus alabanzas, no solo
con nuestros labios, sino también con nuestras
vidas, entregándonos a tu servicio y caminando en

tu presencia, en santidad y justicia, todos los días de
nuestra vida; por Jesucristo nuestro Señor, a quien,
contigo y el Espíritu Santo, sea todo honor y gloria
por los siglos de los siglos. Amen.[1]

capítulo uno

Somos Episcopales

Estamos atados juntos en el mismo manto
del destino, ligados en una red inescapable
de mutualidad

— EL REVERENDO DR. MARTIN LUTHER KING, JR.

l miércoles, 07 de septiembre 1774, en la sesión inaugural del Congreso Continental, con el peso de la guerra y la esperanza de la libertad en sus mentes, el Reverendo Jacob Duché, un sacerdote anglicano y rector de la Iglesia de Cristo en Filadelfia, fue invitado a leer oraciones al congreso. En ese tiempo, el salmo 35 estaba señalado en el Libro de Oración Común como parte de la oración matutina del día. Duché comenzó, "Defiende mi causa, oh Señor, con los que contra mí contienden; combate a los que me combaten. Hecha mano al escudo y la armadura, y levántate en mi ayuda".[2]

El 28 de junio de 1836, fue un servicio episcopal el que acompañó a su entierro a James Madison, el cuarto presidente y uno de los padres fundadores del país.[3] Y eran oraciones episcopales que consolaron a los dolientes en su dolor. Fue un servicio episcopal de Oración Matutina con himnos que inauguró la Carta Atlántica entre el primer ministro británico Winston Churchill y presidente Americano Franklin D. Roosevelt en la cubierta de barco HMS Prince of Wales, en la víspera de la segunda guerra mundial.[4] Y en el servicio conmemorativo de la tercera inauguración de Roosevelt, en medio de la guerra, una oración episcopal fue utilizada para interceder por nuestros enemigos y orar por la paz.[5]

Como seminarista episcopal, Jonathan M. Daniels seguía el llamado de Martin Luther King, Jr. cuando fue a Selma, Alabama, donde vivió con una familia afroamericana y ayudó en la labor de integrar a la parroquia episcopal en la localidad. El 20 de agosto de 1965, Daniels fue asesinado mientras salvaba la vida de una mujer joven afroamericana.

Tres años después, en la Catedral Nacional de Washington DC (una iglesia episcopal), el Dr. Martin

Luther King, Jr. subió los trece escalones al ambón durante un servicio episcopal y dijo:

> Estamos atados juntos en el mismo manto del destino, ligados en una red inescapable de mutualidad. Y lo que afecta directamente a uno indirectamente afecta a todos. Por alguna razón extraña, no puedo ser jamás lo que yo debería ser, hasta que ustedes sean lo que ustedes deberían ser. Y nunca pueden ser lo que deben de ser, hasta que yo sea lo que debería ser. Ésta es la forma de la cual el universo de Dios está hecho; ésta es la forma en que está estructurado.[6]

Recuerdo estar viendo en la televisión, cuando el entonces presidente electo Barack Obama, comenzaba su día entrando a la iglesia episcopal de San Juan, en la plaza Lafayette, antes de tomar el juramento como nuestro 44° presidente de los Estados Unidos el 20 de enero de 2009. En los días cerca de la inauguración, iba a asistir a un servicio nacional de oración en la Catedral Nacional de Washington, y pronunciaría un discurso en las escalinatas del Monumento a Lincoln, donde Martin Luther King, Jr. soñaba su sueño.

En la ciudad de Nueva York, el 11 de septiembre de 2001, St. Paul Chapel (la capilla en la que George Washington, el primer presidente de los E.E.U.U., adoró a Dios después de su inauguración) se convirtió en el epicentro de los socorristas y una nación en crisis después del ataque al Centro de Comercio Mundial. En esta modesta capilla de la venerable iglesia episcopal de la Trinidad en Wall Street, unos cinco mil voluntarios transformaron una capilla del siglo XVIII en una vasija sacramental derramando amor y cuidado para todos. Socorristas episcopales han reconstruido casas, han construido refugios temporales, y han dado agua potable a víctimas de los tsunamis, terremotos y huracanes. Después del huracán Katrina dirigimos esfuerzos para reconstruir ciudades de la costa del Golfo de Mississippi desde Nuevo Orleans hasta Texas. Hemos albergado a decenas de miles de personas en Haití. Hemos trabajado entre los pobres en zonas urbanas y también en zonas rurales desamparadas.

La Iglesia Episcopal da la bienvenida a todos y tenemos una tradición de poner en práctica las palabras del profeta Isaías, que Jesús repitió en la sinagoga de Nazaret (Lucas 4:18-19): "El Espíritu del Señor está sobre mí, porque me ha consagrado para dar buenas noticias a los pobres; me ha enviado a anunciar la libertad a los presos y dar la vista a los ciegos, a poner en libertad a los oprimidos, y a anunciar el año favorable del Señor". Como Jesús mismo, nosotros, los miembros fieles de la Iglesia Episcopal, hemos intentado a través de los años encarnar el amor de Dios en la misión y el ministerio de nuestra iglesia.

La Iglesia Episcopal es la comunidad en la que yo me crié, como hijo de un sacerdote. Es la tradición de fe en que fui bautizado en la capilla de la Universidad Metodista del Sur (SMU), donde mis padres ayudaron a dirigir el centro estudiantil episcopal. Fue la tradición que estudiaría para mi confirmación cuando muy joven; habiendo aprendido de memoria el Padre Nuestro, el Credo Niceno, y el Catecismo (o las enseñanzas de la iglesia) de la parte posterior del "nuevo" Libro de Oración Común del 1979. Me arrodillé delante del obispo José Guadalupe Saucedo de México, que en ese tiempo era una diócesis de la Iglesia Episcopal, y fui confirmado. Llegué a apreciar esta tradición aún más en mis años adultos como un consejero de campamento de verano y miembro del personal en Camp Allen, un campamento episcopal al noroeste de Houston. De igual manera, seguía apreciando esta tradición como participante en la misión universitaria en el Colegio Canterbury en la Universidad de North Texas, y como miembro del personal de la Escuela Episcopal de San Esteban en Austin, Texas.

Cuando discerní la llamada para servir a Jesucristo en el ministerio ordenado, la Iglesia Episcopal dio voz a mi propia fe, mi creencia en Dios y la revelación de Dios. La tradición de la oración matutina diaria y el canto de himnos y cánticos sonaba durante mis estudios teológicos en el Seminario Teológico de Virginia. Las palabras y las oraciones del Libro de Oración Común me consolaron cuando ministré a las víctimas del colapso fatal de una hoguera y sus familias en la universidad de Texas A & M en el 1999.

Esta tradición me ha apoyado en mis mejores momentos y me desafió en mis peores momentos. En esta iglesia, he encontrado el reflejo más claro que sé de la iglesia una, santa, católica y fe apostólica que fue compartida a nosotros por los santos y transmitida a través de generaciones de fieles. Esta fe que ha sido cantada y orada por mil lenguas de fieles antes de mí, ésta es la iglesia que amo. Es la iglesia Episcopal y su testimonio especial y único de Jesucristo, que me inspira a la misión e inspira mi deseo de ser un mejor obispo y un mejor ser humano.

Ligado por una Promesa

¿Por qué empezar en esta manera un libro dirigido a los nuevos bautizados y confirmados, y aquellos que anhelan recuperar esos votos? Tú has tomado un profundo juramento a Dios y a tu comunidad en el sacramento del bautismo y / o la confirmación o la recepción en la Comunión Anglicana y lo has hecho específicamente en el contexto de una iglesia episcopal. Tú has hecho un pacto con Dios, pacto que tiene sus raíces en las aguas de bautismo.

Es mi esperanza que en estas páginas, puedas explorar tus promesas sagradas a Dios y caminar en tu peregrinación con mayor intención. Más importante aún, espero que encuentres lo que muchos han encontrado: que Dios te está llamando para servir y ministrar en el mundo a tu alrededor. La obra que combina la oración con la misión es la piedra angular de la Iglesia Episcopal (y la mayor Comunión Anglicana) desde su nacimiento en el siglo XVI y su desarrollo bajo el liderazgo de la reina Isabel I y de los reyes Stuart en los 1600s. Tú eres parte de una larga línea de anglicanos que tomaron su fe en serio, que se fortalecieron por la liturgia, los sacramentos, la oración y las escrituras.

En la iglesia episcopal entendemos que nuestras promesas son igualmente dadas a Dios y a nuestro prójimo. Son promesas hechas para ayudar a construir el reino de Dios, piedra por piedra. Y estas promesas son hechas a las comunidades en las que vivimos y nos movemos y tenemos nuestro ser, las comunidades a las que llamamos nuestro hogar.

La realidad es que la iglesia Episcopal siempre ha tenido la raíces de su misión en los contextos de todo el país y a través de las otras diócesis nacionales del mundo en que nos encontramos.[7] Somos una gran iglesia mundial con asociaciones de amplio alcance que están cambiando vidas diariamente. Innumerables personas cuyos nombres sabemos y aún más, cuyos nombres no sabemos, han encontrado fuerza en nuestras tradiciones y en nuestras liturgias, sea un bombero en la Zona Cero o una mujer rezando los salmos del Libro de Oración Común en la iglesia.

Es mi oración que tú, en tu propia vida, encuentres esa misma fuerza. Es mi deseo que todos los que están de búsqueda encuentren en la Iglesia Episcopal la posibilidad y la realidad de una fuerte relación con Dios. Oro que encuentres un almacén de sabiduría del cual aprovechar cuando no sepas por dónde ir. Que encuentres un pozo profundo de espiritualidad donde puedas extraer la sabiduría y el consuelo cuando tengas problemas, cuando estés temeroso, o tengas dolor, así como cuando estés celebrando las alegrías de la vida. Espero que puedas descubrir que la base firme de Jesucristo revelada en nuestras promesas bautismales y en nuestra tradición será una fundación sobre la cual será posible, con otros, renovar la faz de la tierra. Nosotros, en la iglesia Episcopal, tenemos una particular y hermosa forma de entender la obra redentora de Jesucristo, y nos encontramos como portadores del don de la gracia abundante de Dios para la humanidad.

Llegará un momento en tu vida, un momento en que cada palabra tendrá importancia, cada oración hablada o en silencio contará, cada acción será una oportunidad para el cambio. En estos momentos, anhelo que la sabiduría de nuestra herencia episcopal, adoración, oraciones y las escrituras estén presentes para mantenerte y sostenerte.

Practicamos este culto y esta oración y vivimos esta búsqueda tenaz de vivir nuestra fe por una razón. Somos llamados por el mismo amor de Cristo y por nuestros bautismos a dedicar nuestras vidas a la venida del Reino de Dios. Nosotros comprendemos una ciudadanía virtuosa que nos llama a cumplir nuestro deber y responsabilidad como misioneros del amor de Dios en el mundo que nos rodea. Así que oramos:

> Envíanos ahora en paz al mundo;
> revístenos de fuerza y de valor
> para amarte y servirte
> con alegría y sencillez de corazón;
> por Jesucristo nuestro Señor. Amen.[8]

capítulo dos

Elegir el Camino del Peregrino

Celebrante	¿Quieres ser bautizado?
Candidato	Si quiero.[9]

Jesús dijo: "Sígueme".

— LUCAS 9:23

L os sociólogos, los observadores de la cultura, y los líderes de la iglesia han estado hablando desde hace algún tiempo acerca de un libro importante: *Búsqueda del alma: La vida religiosa y espiritual de los adolescentes estadounidenses*. Publicado en 2005, el libro se basa en unas tres mil entrevistas con adolescentes, y destaca las sensibilidades emergentes de esta nueva generación de peregrinos espirituales.

Los autores afirman que hay cinco conceptos que constituyen el fundamento de la fe de esta generación, que en conjunto forman una perspectiva llamada deísmo moralista terapéutico. Afirman las siguientes creencias:

1. Un Dios existe que creó y ordena el mundo y vela sobre la vida humana en la tierra.
2. Dios quiere que la gente sea buena, agradable y justa entre sí, como se enseña en la Biblia y por la mayoría de las religiones del mundo.
3. El objetivo central de la vida es ser feliz y sentirse bien con uno mismo.
4. Dios no necesita estar particularmente involucrado en la vida de uno, excepto cuando Dios se necesita para resolver un problema.
5. Las personas buenas van al cielo cuando mueren.[10]

Esto no es una mala lista de creencias para vivir. De hecho, si todo el mundo viviera estas creencias básicas, el mundo sería un lugar mucho mejor. Pero yo diría que nosotros, como episcopales, tenemos una forma diferente de ver el mundo y nuestro lugar en el mundo. Cuando se nos pregunta si deseamos ser bautizados, o cuando reafirmamos nuestro bautismo, damos un paso hacia adelante y decimos al mundo que creemos diferente.

Hay algunas cosas que tenemos en común con otras creencias religiosas y otras que tenemos en común con la familia cristiana. Pero cuando afirmamos la fe de la iglesia y reafirmamos nuestra propia fe, tenemos el reto de vivir una fe diferente, como pueblo de Dios particular y único.

No Cualquier Dios

El Pacto Bautismal que hacemos con Dios y con nuestras comunidades dice que creemos en un Dios que creó y ordenó al mundo, pero a la vez, creemos que lo ordenó para un propósito específico: para la belleza y la relación humana. Creemos en un Dios, que vela por la vida humana e interactúa con toda la vida en la tierra, con una relación particular con la comunidad humana, por medio de Jesucristo. Tenemos fe en un Dios que quiere que la gente sea buena, agradable, y justa entre sí, y que dice que tenemos la responsabilidad de cuidar el uno del otro cuando somos pobres, hambrientos, solos o necesitados.

Aceptamos como una verdad que Jesucristo viviente, y resucitado es ejemplo de cómo la humanidad ha de tratarse unos a otros, y que debemos tratar de imitar sus acciones. Aunque es bueno buscar la felicidad y sentirse bien con uno mismo, creemos que ésta no es la meta principal de la vida humana. Nuestra fe nos enseña que Dios nos pide que sacrifiquemos nuestras vidas por el bien de los demás.

El centro de nuestra vida es Dios, y Dios mayormente se identifica con los débiles y los pobres. Creemos que el enfoque sobre el consumismo crea vidas desordenadas que están fuera de proporción con las necesidades

más amplias del mundo que nos rodea. Creemos en
un Dios que está con nosotros en medio de nuestros
problemas y también los tiempos buenos. Creemos en
un Dios quien es compañero en el camino (Lucas 24),
que nos llama "amigos" (Juan 15:15), y que come
y bebe con los pecadores (Marcos 2:16). El Dios que
proclamamos está presente con nosotros en todas
nuestras acciones. Creemos en el reino de los cielos, pero
creemos que nosotros somos partícipes en realizar este
reino en el mundo de hoy. No pasamos mucho tiempo
preocupándonos por la vida después de la muerte;
pasamos la mayor parte de nuestra vida trabajando para
hacer realidad el reino en este mundo. Nos recordamos
que la obra de Jesús consistía en enseñar y proclamar la
buena nueva del reino de Dios, sanando toda enfermedad
y toda dolencia en el pueblo, y que él dijo: "Sígueme"
(Lucas 9:1-23).

Cuando nosotros como episcopales nos presentamos
frente a la comunidad, y elegimos hacer nuestra profesión
de fe, nos alejamos de una creencia generalizada en un
Dios generalizado, que participa en forma general en
nuestras vidas. Elegimos específicamente caminar por
el camino peregrino con Dios y vivir una revelación
particular encontrada de forma única en la iglesia
Episcopal.

No Somos Cualquier Pueblo

Los genetistas hablan de algo que se llama un "meme".
El concepto originó con Richard Dawkins, un genetista
que también ha ganado fama como parte de los

diálogos ateos que últimamente son populares. La teoría del "meme" es básicamente la aplicación de la teoría genética darwiniana a la cultura, el idioma, y la narración. Dawkins dice que el ser humano se apega a Dios por miedo y ansiedad sobre el satisfacer nuestras necesidades más básicas. Para Dawkins, Dios es como una historia o un rasgo genético o un meme que se perpetúa a través de las generaciones debido a nuestra ansiedad y nuestro miedo.

Como te puedes imaginar, Dawkins y yo no estamos de acuerdo. Para el cristiano, las palabras tienen significado y sustancia. Lo que decimos es verdadero. Pero ese lenguaje es más que sólo una construcción social. Como un pueblo encarnado en la Palabra de Dios, creemos que nuestras palabras y nuestras acciones tienen sus raíces en las palabras y los hechos de Dios. Creemos que lo dicho antes de todo lo visible y lo invisible es la base de nuestra proclamación actual. Cuando nos ponemos de pie y hacemos nuestras promesas delante de Dios, con la congregación y la comunidad como testigos, creamos una vasija verbal de gracia que abre paso a través de la creación y nos acerca cada vez más al ser divino y el uno al otro. Tú y yo estamos haciendo en nuestras declaraciones de fe, no simplemente promesas sobre nuestras creencias; también estamos haciendo declaraciones sobre el tipo de personas en que queremos convertirnos, y el tipo de mundo en que deseamos vivir. Cuando nos presentamos, estamos diciendo que no somos ateos o solamente gente buena. Cuando nos presentamos, estamos proclamando que somos episcopales y que tenemos una visión particular y única del mundo que nos rodea.

Esta visión única del mundo no se forma por el capitalismo o alguna teoría política. Nuestra visión episcopal del mundo está formada por una vida vivida en relación con los sacramentos.

En la iglesia Episcopal hay dos sacramentos evangélicos: la eucaristía y el bautismo. Estos se consideran los sacramentos del evangelio, porque Jesús los dio a la humanidad y a la Iglesia como signos específicos de la gracia de Dios. Decimos que tenemos siete sacramentos (como la iglesia Romana) y sí los tenemos; pero para los anglicanos, los cinco sacramentos adicionales son secundarios y no son dados por Jesucristo a la Iglesia. En vez, los sacramentos de confirmación (la segunda mitad del bautismo), matrimonio, unción de los enfermos, reconciliación de un penitente y ordenación se denominan cariñosamente como sacramentos con una "s" minúscula porque la iglesia cree que son vasos sacramentales de la gracia de Dios. Ellos no son necesarios para vivir una vida para Dios, aunque pueden ayudar a vivir una vida con Dios. En las palabras de nuestro catecismo, creemos que todos los sacramentos son "signos externos y visibles de gracia interna y espiritual, dados por Cristo como medios seguros y eficaces de que recibimos la gracia".[11]

No Somos Cualquier Iglesia

Cuando nos presentamos y hacemos nuestras promesas como episcopales bautizados, decimos que creemos en un determinado tipo de iglesia. Ninguna otra iglesia en todo el mundo (excepto las que comenzaron como iglesias misioneras de la iglesia Episcopal) tiene un Pacto Bautismal exactamente igual al nuestro.[12]

En las preguntas fundamentales del Pacto Bautismal, comenzando con la pregunta planteada en la presentación de los candidatos, "¿Desea usted ser bautizado?" nosotros estamos entrando en una iglesia que es una comunidad específica encarnada en el ministerio de Jesucristo, cuyo ministerio era una continuación de la vida del Torá, que viene de nuestros antepasados de la fe judía.

También estamos proclamando nuestra fe como parte de la vida de hoy, físicamente ubicándonos en una iglesia que acertamos que sea nuestra. Nos estamos convirtiendo en episcopales. Estamos eligiendo, como espero tú puedas descubrir, una regla particular de vida. No es muy diferente a las primeras comunidades en la cual los evangelios de Mateo, Marcos, Lucas y Juan fueron escritos. Hoy nosotros hacemos nuestra vida comunal en nuestro medio ambiente y nuestra época. Somos únicos y arraigados en nuestros contextos contemporáneos, y sin embargo conectados a nuestros antepasados.

Entendemos que una parte importante de ser iglesia es regresar a la Biblia. Hay muchos movimientos populares y tratados psicológicos y filosóficos en el mundo, pero nosotros proclamamos de manera única que vivimos bajo una regla que se encuentra en una determinada compilación de textos que se extiende a lo largo de las generaciones, la cual llamamos las Sagradas Escrituras. La iglesia se describe en estos textos como un cuerpo del cual Cristo es la cabeza y del que todos los bautizados somos miembros. San Pablo escribió: "Sometió todas las cosas bajo los pies de Cristo, y a Cristo mismo lo dio a la iglesia como cabeza de todo. Pues la iglesia es el cuerpo de Cristo, de quien ella recibe su plenitud, ya que Cristo es quien lleva todas las cosas a su plenitud". (Efesios 1:22-23).

El Pacto Bautismal comienza con una afirmación del Credo de los Apóstoles. En el credo, la iglesia se describe como "una, santa, católica y apostólica". Esta proclamación de la unidad es un desafío. Si la unidad fuera dependiente de nuestras acciones, esto sería solamente un sueño ridículo. Pero no lo es. La iglesia está constantemente promulgando en medidas grandes y pequeñas el cuerpo unido y encarnado de Jesucristo en el mundo. Es decir, es acción de Dios, no obra humana. Ahora bien, los seres humanos sin duda pueden dañar e incluso romper la unidad, pero las acciones humanas no quitan en lo más mínimo que la iglesia sea una expresión de la vida de Dios en el mundo. Nadie se presenta en el bautismo o la confirmación sin que la congregación prometa apoyarlas en su vida en Cristo como un miembro de la iglesia en el cuerpo de Cristo en la iglesia Episcopal; y nadie hace promesas del pacto únicamente con Dios, sino también con el resto de la comunidad. En esto vemos una manifestación de la unidad de la iglesia.

Las preguntas que cada discípulo debe hacer son: "¿Estoy viviendo en esta unidad, o no? ¿Estoy conscientemente buscando ser parte de esa iglesia unida, o estoy buscando mi propio camino y deseos?"

Cuando presentamos a alguien, sea niño o adulto al bautizo — la visión no es sólo de una transformación individual sino también de un cuerpo que continuamente sigue en el proceso de transformación. Las episcopales creen, como los antiguos cristianos, que cuando eres bautizado estás iniciado como miembro del cuerpo de Cristo. Creemos que lo que se está haciendo visible en el sacramento del bautismo es la unidad y la gracia que es parte de la comunidad de la iglesia fiel en la adoración y en la obra en el mundo.

Así lo Haré, Con el Auxilio de Dios

Ahora, llegamos a la cuestión de lo que deseamos: "¿Quieres ser bautizado?" La persona, dice que si, o un miembro de la familia lo dice si se trata de un niño, que será a la vez confirmado cuando sea mayor. El bautismo y la confirmación son dos partes del mismo servicio. En realidad no son dos servicios separados, pero cuando la iglesia creció tanto que los obispos ya no estaban presentes en todas las congregaciones y los bautizos fueron realizados por los sacerdotes, se dividió el servicio para cuando fuera posible que el obispo visitara la comunidad, y pudiera imponer la unción y la imposición de las manos sobre los nuevos bautizados. De cualquier manera, el servicio comienza aclarando que el candidato para el sacramento desea esta vida sacramental o que una persona que ama al candidato lo desea para la persona.

Siguiendo esto, llegamos a otra serie de preguntas: las renuncias.

¿Renuncias a Satanás y a todas las fuerzas espirituales del mal que se rebelan contra Dios?

¿Renuncias a los poderes malignos de este mundo que corrompen y destruyen a las criaturas de Dios?

¿Renuncias a todos los deseos pecaminosos que te apartan del amor de Dios?

¿Te entregas a Jesucristo, y le aceptas como tu Salvador?

¿Confías enteramente en su gracia y amor?

¿Prometes seguirle y obedecerle como tu Señor?

Uno no puede seguir con el Pacto Bautismal sin
haber respondido primero a estas preguntas. Nosotros
no logramos llegar a una definición de quién es Dios o
hacer la promesa de leer las Escrituras y participar en
el culto, a luchar por la justicia y la paz y la dignidad
de todo ser humano, sin primero haber tomado en
cuenta estos compromisos y el establecimiento de esta
fundación.

Continuamos con el Pacto Bautismal, que comienza
con una afirmación de nuestra fe en un Dios trinitario,
en forma de preguntas y respuestas basadas en el Credo
de los Apóstoles.

Celebrante	¿Crees en Dios Padre?
Pueblo	Creo en Dios, Padre todopoderoso, creador del cielo y de la tierra.
Celebrante	¿Crees en Jesucristo, el Hijo de Dios?
Pueblo	Creo en Jesucristo, su único Hijo, nuestro Señor. Fue concebido por obra y gracia del Espíritu Santo y nació de la Virgen María. Padeció bajo el poder de Poncio Pilato, fue crucificado, muerto, y sepultado. Descendió a los infiernos. Al tercer día resucitó de entre los muertos. Subió a los cielos, y está sentado a la diestra de Dios Padre. Desde allí ha de venir a juzgar a vivos y muertos.
Celebrante	¿Crees en Dios el Espíritu Santo?
Pueblo	Creo en el Espíritu Santo, la santa Iglesia católica, la comunión de los santos, el perdón de los pecados, la resurrección de los muertos, y la vida eterna.

El pacto continúa desde ese enunciado general de la fe, fe que compartimos con los cristianos de todo el mundo, a nombrar una manera singular de seguir a Jesús que es la iglesia Episcopal. Estas cinco promesas son el corazón del Pacto Bautismal:

Celebrante   ¿Continuarás en la enseñanza y la comunión de los apóstoles, en la fracción del pan y en las oraciones?
Pueblo   Así lo haré, con el auxilio de Dios.

Celebrante   ¿Perseverarás en resistir al mal, y, cuando caigas en pecado, te arrepentirás y volverás al Señor?
Pueblo   Así lo haré, con el auxilio de Dios.

Celebrante   ¿Proclamarás con la palabra y ejemplo las Buenas Nuevas de Dios en Cristo?
Pueblo   Así lo haré, con el auxilio de Dios.

Celebrante   ¿Buscarás y servirás a Cristo en todas las personas, amando a tu prójimo como a a ti mismo?
Pueblo   Así lo haré, con el auxilio de Dios.

Celebrante   ¿Lucharás por la justicia y la paz entre todas las personas y el respeto a la dignidad de todo ser humano?
Pueblo   Así lo haré, con el auxilio de Dios.

Se puede ver que creemos en un Dios particular, que es creador y salvador de un mundo particular, en el que estamos ayudando a lograr un reino particular, en una manera particular. Estamos aceptando una disciplina cristiana, y yo diría también que, como episcopales, lo hacemos de manera única y particular. Por tanto, no deberíamos asumir erróneamente que todo el mundo hace estas promesas en el bautismo de la misma manera.

Cada marco denominacional es único. El Pacto Bautismal es el nuestro. Cuando hablo de ser orgullosamente Episcopal, estoy prometiendo actuar y hablar en contra de fuerzas espirituales que se rebelan contra Dios y la historia de Dios y nuestra comprensión de quién es Dios y el mundo que Dios creó. Con claridad, estamos diciendo que actuaremos y hablaremos en contra de los poderes que corrompen la creación de Dios. Declaramos que actuaremos en contra de qualquier poder que intenta corromper el propósito divino hacia la creación, como si sólo fuera una simple mercancía para el consumo. Estamos expresando una voluntad personal que nos lleve a hacer opciones diarias que nos sitúen más cerca o más lejos de la voluntad de Dios en Jesucristo. Vamos a dirigirnos hacia Jesús como la forma más alta de una vida vivida en la comunidad de Dios, y vamos a confiar en que el amor y la gracia de Dios nos permiten hacer este trabajo.

Como obispo, cada semana tengo el honor increíble de estar junto a aquellos que hacen una confesión de fe. Tengo el privilegio de caminar con las comunidades, cuando dicen sí a las promesas de Dios. Semana tras semana tengo la oportunidad de reconstruir, reconsiderar, recordar, y comenzar de nuevo mi propia vida. Constantemente me hago estas preguntas: ¿Cómo voy como cristiano y como episcopal? ¿Cómo voy en mi vida con estas promesas día tras día tras día?

Cuando nos presentamos, nos presentamos juntos. Cuando hablamos de nuestro sí a la invitación de Dios, hablamos con una sola voz. Como episcopales, juntos, tomamos una decisión consciente de vivir dentro de los muros del reino de Dios.

Esto me recuerda de las palabras y el testimonio del poeta y sacerdote anglicano R. S. Thomas. En su poema titulado "El Reino", escribe:

Es un largo camino por recorrer, pero por dentro
hay bastantes cosas diferentes que suceden:

La entrada, es gratis, si se purga uno mismo
del deseo, y se presenta uno mismo con
sólo su necesidad y la simple ofrenda
de su fe, verde como una hoja.[13]

Nos presentamos y elegimos juntos hacer nuestro camino peregrino en este mundo.

Elegimos el inesperado y al revés reino de Dios, sobre todos los demás. Así es como nuestro recorrido comienza.

capítulo tres

Contando la Única y Verdadera Historia

Celebrante	¿Crees en Dios Padre?
Candidato	Creo en Dios, Padre todopoderoso, creador del cielo y tierra.[14]

Regocíjense en el Señor, pueblos todos;
Sirvan al Señor con alegría;
Vengan ante su presencia con canticos.

Sepan que el Señor es Dios;
Él nos hizo y somos suyos,
su pueblo y ovejas de su rebaño.

Entren por sus puertas con acción de gracias,
en sus atrios con alabanza;
denle gracias, y bendigan su Nombre;

Porque el Señor es bueno;
para siempre es su misericordia;
su fidelidad perdura de generación en generación.

— SALMO 100

o tengo dos hijas, y mientras estaban creciendo
les leíamos una historia todas las noches. A
veces era un cuento breve o un libro ilustrado,
y otras veces libros de capítulos. Sin embargo, desde
que comenzamos, durante 3,982 noches les hemos leído
historias. Y durante estas 3,982 noches (más o menos),
he esperado pacientemente.

Recuerdo que en mi mente ellas iban acercándose
a mí, sus rizos rubios en cintas de color escarlata,
mirándome con sus ojos grandes y angelicales,
suplicando: "Padre, Padre querido "(recuerde, que
esto es un sueño)", ¿podría usted leernos "El día que
Fletcher salió del cascarón?"

"Sí, mis queridas hijas", digo con un suspiro.
Leíamos lo que ellas deseaban y luego se iban a la cama.

La siguiente noche viene, y la siguiente. Sigo
esperando que me pidan que les cuente esta historia, la
historia que sé de memoria. Una noche, no pude resistir
y se me salió: "Pero, ¿no quieren escuchar la historia, la
historia del pueblo de Israel?"

"¡Papá!" (volteando sus ojitos) "¡queremos Capitán
Calzoncillos!" Y así, me doy por vencido.

Pero en esas noches (que continúan aún ahora con
mi hija más joven, leemos Harry Potter, naturalmente),
si fueran a decir: "Sí, sí, Papa, cuéntanos La Historia,"
yo tomaría una pausa en mi manera más devota y
consciente, quizás poniendo mis manos sobre mis labios
en posición de oración. Y comenzaría, "Mi bien amada,
el Señor es bueno, y su misericordia es eterna. Y en un
lugar alto y lejano, en algún lugar afuera de Egipto, en
el tercer día en la tercera luna nueva después que los
israelitas salieron de la tierra de Egipto por el desierto,
nuestro buen Señor le dijo a su pueblo algunas cosas
muy importantes. Él les dijo: 'Yo te sostendré sobre alas

de águila, y yo mismo te llevaré. Serás mi atesorada posesión porque ustedes son mi pueblo, y serán santos, y ustedes serán un reino de sacerdotes.' Eso es, mi bien amada, es lo que Dios le dijo a su pueblo, porque Dios es bueno, y para siempre es su misericordia". Compartiré con ellas ésta, la única y verdadera historia.

Creo que es primordial la necesidad de contar y escuchar estas historias, como lo es comer y dormir. Ciertamente, como humanos hemos tenido la suerte de escuchar las historias de nuestros antepasados. Buscamos nuestras propias historias también, historias de nuestros padres y las historias de nuestros orígenes. Tal vez es una cosa americana (la naturaleza de un joven país) anhelar escuchar las historias de nuestra fundación para saber de dónde hemos venido.

En el Sur, es lo primero que hace la gente cuando se conocen por primera vez. Ellos hacen preguntas y dan permiso para que otros puedan contar sus historias. Luego tratan de buscar cómo están relacionados o cómo sus familiares y amigos podrían conocerse. Nuestras historias nos dicen quienes somos como individuos, pero nuestras historias también nos dicen quien somos como comunidad.

La Historia de la Iglesia

Contar historias nos forma como personas, como familias y como comunidades, y forma lo que somos como una iglesia. La iglesia Episcopal tiene una historia. Contamos historias cada domingo. Nuestra liturgia se teje con las historias de nuestros antepasados en la fe. Volvemos a contar las historias en los himnos y en la lectura de las escrituras. Escuchamos las jornadas e historias de la de de nuestros antepasados, como Abraham y Sara, Isaac y Rebeca, Jacobo y Raquel. Volvemos a contar las historias de David y Salomón y de todos los que gobernaron a Israel. Contamos la historia de los profetas. Leemos las oraciones de nuestros antepasados. Escuchamos y contamos de nuevo sus sueños y profecías.

En nuestra liturgia contamos la historia de Jesús, su vida, misión, y ministerio, su muerte y resurrección. Leemos las cartas de las primeras comunidades. Contamos nuestra historia sagrada cuando relatamos la historia de aquellos que siguieron a Jesus.

En fin, toda persona con la que te encuentres, lo reconozcan o no, necesita oír las palabras, "Mi amado(a), el Señor es bueno, su misericordia es eterna. El Señor te sostendrá sobre las alas de una águila y te rescatará, porque eres su posesión y un tesoro para nuestro Dios; serás santo y miembro del sacerdocio eterno". Como dije, la gente quizás no se de cuenta de que desea escuchar esta historia, pero por seguro la necesitan.

De hecho, he conocido a personas que no pueden creer que son amadas, por otras personas o incluso por Dios. Algunos se negarán en no escuchar o en contar la historia, y eso es comprensible, porque la historia es muy poderosa. Esta historia nos desprende de nuestro anclaje individual como si fuéramos el centro del universo, proclamando que no estamos solos y no somos todopoderosos y que no lo sabemos todo. Nos hace responsables de nuestras acciones y nos desafía a ver a la gente como Dios las creó, preciosas ante los ojos de Dios.

La iglesia Episcopal proclama una historia del Evangelio cada semana que nos recuerda que somos amados de Dios. La iglesia Episcopal también proclama un evangelio que nos recuerda que debemos buscar alimentar al hambriento, vestir el desnudo, y satisfacer las necesidades de los pobres. Cada vez que nos reunimos, nos recordamos que Dios nos ha creado como un pueblo diverso, multi-étnico, y que somos hermosos y diferentes. Ese es el caso de ahora, y ha sido el caso en el pueblo de Dios desde el principio.

Tú, tienes la posibilidad de entrar en tu iglesia, y aún más allá, para decirle a la gente que, a pesar de que puedan pensar que ven muerte, también hay vida. La iglesia Episcopal cree en un Dios que nos llama amados, y, debido a esa fe, vemos posibilidades donde hay sólo callejones sin salida. Tú llevas dentro de ti, la capacidad de anunciar a todas las personas en tu vida, en tu oficina, en tu escuela, en tu casa, que Dios ama, incluso en medio del odio, que Dios ofrece la redención donde hay encarcelamiento, y la reconciliación donde hay quebrantamiento. El Señor es bueno, y su misericordia es eterna.

Dios está con Nosotros

Nuestra iglesia ha existido durante los años, como parte de el gran linaje de la cristiandad occidental. Nuestra iglesia cree en un Dios que estaba presente antes del inicio de la creación. Creemos en un Dios que nos creó de su propio deseo, que anhela caminar con su creación en el jardín de su propia creación, en el fresco del día

(Génesis 3:08). Dios mira a toda la creación y ve belleza y santidad reflejadas en los cielos.

Nuestro Dios ha estado presente a través de la edificación y la derrota de civilizaciones enteras. Quizás más milagrosamente, la presencia de Dios está en todas partes y con todo el mundo: con jóvenes y ancianos, con pobres y ricos, pecadores y justos, con los que están lejos con los que están cerca, en la vida y la muerte, en la guerra y en la paz, en la división de la iglesia en sí, y en la dulzura de la unidad en comunión. Dios nos ha asegurado que nadie viene a este mundo solo o entra la vida de los santos por si solo. Este Dios en quien creemos es fiel y nunca nos abandonará.

Mi bien amado(a), en medio de nuestras pruebas, Dios nos alza sobre alas de águila, y nos carga él mismo. Dios es bueno, y su misericordia es eterna.

El Dios de quien doy testimonio en mi ministerio como obispo en la iglesia Episcopal es un Dios que está presente en refugios, programas de rehabilitación, escuelas, hospitales, y en las iglesias, en las calles, en los cafés y en los hogares. Dios está presente con nosotros hoy en día en toda su belleza y su santidad, y tengo el increíble gozo de ver el pueblo de Dios en la obra, mostrando a innumerables personas, cómo Dios está moldeando, cuidando, amando, sosteniendo y liberando.

El Dios que proclamamos ha estado con nosotros en medio de nuestras comunidades y siempre nos ha llamado que nos unamos con él en el mundo, caminando en la víspera del día. Los miembros de la iglesia Episcopal han creído que es su responsabilidad caminar fielmente con Dios en el mundo. Esto es lo que realmente significa ser un santo. Santos son aquellos que por sus vidas dan testimonio de Dios, cuya misericordia, bondad y dulzura son eternas.

Nosotros los episcopales, somos aficionados a un himno que se canta a menudo en noviembre, alrededor del Día de Todos los Santos, que nos recuerda las incontables vidas de los testigos que han venido antes que nosotros. Las palabras son estas:

Yo canto una canción de los santos de Dios,
pacientes, valientes y fieles,
es que trabajaron, lucharon, vivieron y murieron
porque al Señor le amaron y le conocieron.
Uno era un doctor, uno era una reina,
y otro era una pastora en el campo:
eran todos ellos Santos de Dios y yo quiero,
si Dios me ayuda, ser uno también.

Ellos amaban a su Señor tan querido, tan querido,
y su amor los hizo fuertes;
y siguieron lo que era justo, en el amor de Jesús,
durante todas sus vidas.
Uno era un soldado, uno era sacerdote,
y uno fue asesinado por una bestia salvaje y feroz:
no hay ninguna razón, no, ninguna,
por qué yo no sea uno también.

Vivieron no sólo en épocas pasadas,
hay cientos de miles de personas todavía,
el mundo es brillante con los santos alegres
que gustan de hacer la voluntad de Jesús.
Los puedes encontrar en la escuela, o en los calles,
    o en el mar,
en la iglesia, o en los trenes, o en las tiendas, o al té,
pues los santos de Dios son gente como yo,
y quiero ser uno también.[15]

Dios en quien creemos, es el Dios cuya historia contamos, en palabra y en acción. La verdad es que a veces lo he hecho bien y, a veces no. Pero lo intento y anhelo ser un seguidor fiel de ese Dios. Quiero saber la historia de Dios, y contársela a los demás. Tengo muchos deseos de contar la historia de lo santos y los pecadores que han intentado, fracasado, aprendido, y han tratado de nuevo seguir a Dios. Y en mi vida diaria, espero ser como los santos que han vivido antes.

Tengo muchos años más por venir en mi ministerio, pero en el futuro, si alguien me preguntara; "Andy, ¿cómo fue cuando empezaste?" les diré: "Fue como un desierto. La gente pensaba que la iglesia se estaba muriendo, que el mundo se estaba muriendo. Personas tenían hambre, y tenían sed, y necesitaban un poco de esperanza, que querían creer en el futuro de la iglesia y saber que Dios no los había abandonado. "Les diré: "Las personas recibieron la Palabra del Señor, y se animaron, se fueron hacia el desierto, y contaron la historia. Ellos contaron la única y verdadera historia. Ellos contaron aquella dulce, dulce historia. Mi bien amado(a), el Señor es bueno, y su misericordia es eterna. Y cambió todo".

capítulo cuatro

El Fuego
Del Evangelio

Celebrante   ¿Crees en Jesucristo, Hijo de Dios?

Candidato   Creo en Jesucristo, su único
Hijo, nuestro Señor. Fue concebido
por obra y gracia del Espíritu Santo
y nació de la Virgen María. Padeció
bajo el poder de Poncio Pilato, fue
crucificado, muerto, y sepultado.
Descendió a los infiernos. Al tercer día
resucitó de entre los muertos. Subió a
los cielos, y está sentado a la diestra
de Dios Padre. Desde allí a de venir a
juzgar a vivos y muertos.[16]

Yo vine a prender fuego a la tierra, y ¡cómo quisiera
que ya estuviera ardiendo!

— LUCAS 12:49

Me encanta vivir en Texas. Sin embargo, hace mucho, mucho calor. En años recientes ha habido una serie de sequías que han aumentado el peligro de incendios, y los grandes incendios han devastado enormes cantidades de bosques y campos. Un amigo mío me dio un libro llamado "The Big Burn" ("El gran incendio") por Stan Cohen y Donald Miller. Se trata del gran fuego de 1910 que se extendió por los estados de Washington, Idaho, y Montana. Este fuego quemó más de tres millones de acres, y el humo se podía ver hasta en Nueva York y Colorado.[17]

El fuego comenzó en los primeros cinco años del inicio del Servicio Nacional Forestal. Hubo ochenta y siete muertes, veinticinco de las cuales eran miembros de un equipo de soldados que había sido enviado para detener las llamas que amenazaban a una pequeña ciudad. Esta tragedia cambió para siempre nuestra manera de ver el mantenimiento de tierras nacionales. El Servicio Forestal comenzó a centrar su enfoque, no sólo en la prevención de incendios forestales, sino también en su control.

Hoy en día, entendemos que el fuego renueva el bosque. Construye la diversidad dentro de los árboles, recicla nutrientes que quedan inertes en el piso del bosque y disminuye las enfermedades en las plantas. Destruye, crea, regenera, recicla, y de hecho, algunas especies dependen del fuego para que sus semillas germinen. Este es uno de los muchos lugares donde vemos la mano creativa de la obra de Dios. Todavía tenemos mucho que aprender de este proceso. ¿Qué se puede aprender? Que después de todo, no tenemos que temer al fuego. Que debemos respetar su poder.

El Hombre Encendido

Jesús entendía el fuego. Jesús no le temía al fuego.
Regularmente caminaba directamente hacia el fuego.
Era un hombre en llamas. Es por eso que él anuncia en
el evangelio según San Lucas:

> He venido a traer fuego a la tierra y ¡cómo desearía
> que ya estuviera ardiendo! Tengo un bautismo con
> cual debo ser bautizado, y mientras este se haga;
> estaré bajo un gran estrés. ¿Creen ustedes que he
> venido a traer paz a la tierra? Les digo que no,
> ¡sino división! Porque de ahora en adelante cinco
> en una familia estarán divididos, tres contra dos y
> dos contra tres. El padre estará contra su hijo y el
> hijo contra el padre; la madre contra su hija y la
> hija contra su madre; la suegra contra su nuera y la
> nuera contra su suegra. (Lucas 12:49-53)

Mientras Jesús predicaba y enseñaba, y las multitudes
seguían creciendo, les estaba ofreciendo una visión del
reino de Dios, una visión que rompe de la cautividad de
los templos, y se mete en las vidas de las personas. Puedo
imaginar que algunas personas anhelaban el cambio
que Jesús anunciaba y otras se sentían amenazadas.

Imagínese a Jesús mirando a su alrededor, viendo las
familias divididas cuando algunas personas optan por
él y otras no. Él sabe que esto no será necesariamente
un viaje tranquilo, pero sin embargo él nos llama a
seguirlo hacia el fuego, acompañarlo a Jerusalén. Jesús
nunca promete a sus discípulos o a cualquiera que trate
de seguirlo que su viaje va a ser fácil, ni que no habrá

consecuencias por escoger vivir en este nuevo camino. El fuego del cual Jesús habla es un fuego refinador, que no sólo nos purifica, sino que nos cambia. El fuego de Jesús arde en los corazones de sus discípulos y cambia sus relación con la sociedad que les rodea. Este fuego que Jesús espera prender en nosotros, es un fuego bautismal.

Juan Bautista nos dice que mientras él bautiza con agua, otro viene a bautizar con fuego. El Pacto Bautismal, es nada menos que un llamado a entrar a ese fuego. Un amigo me dijo una vez que es fácil creer en Dios, pero cuando uno empieza a decir que uno cree en Jesús, realmente comienzas a retar personas. Hacer estas declaraciones sobre la fe no significa que hemos descubierto todo. No es que estemos abordando etapas de mayor aprendizaje espiritual para ser dignos de la gracia de Dios. No, en nuestra creencia y nuestra incredulidad, somos parte de la familia de Dios. Como el padre de un hijo moribundo una vez le rogó a Jesús, "Creo; ¡ayúdame porque tengo poca fe!" (Marcos 9:24)

Esto nos lleva a una pregunta: "¿Estás listo?" Cada vez que reafirmamos nuestros votos bautismales estamos proclamando, "Estoy listo para caminar con Dios, y estoy dispuesto a caminar con Jesús". Cada vez que una persona es bautizada en nuestra iglesia o se confirma, la comunidad entera recuerda el fundamento de su fe. Somos desafiados por estas palabras, y confirmamos de nuevo la fe de la Iglesia y nuestra propia fe. Decimos *sí* a Jesús, y decimos *sí* a caminar con Jesús hacia el fuego de la transformación. No tenemos nada que temer de este fuego del Evangelio. Al igual que Sadrac, Mesac y Abed Nego, que caminaron hacia el fuego, llenos de fe, confiando en que Dios los iba a proteger, (Daniel 1-3) yo también pongo mi fe en Dios.

Caminando Hacia el Fuego

Como seres humanos, nuestra respuesta natural al fuego es dar un paso atrás. De vez en cuando la curiosidad nos puede llamar a acercarnos. Sin embargo, tan pronto como el calor comienza a quemar nuestra cara, nos alejamos.

La vida está llena de fuegos. Piense en sus relaciones con familiares y amigos, sus obligaciones en el trabajo, la escuela o la iglesia. Piensa en el estrés y los problemas que hay que resolver.

¿Cómo podemos describir esta montaña de responsabilidad? "Sólo estoy apagando fuegos por donde salgan". Nosotros por nuestra propia cuenta nos encargamos resolver los problemas y a pagar los incendios.

¿Qué pasa cuando los fuegos arden con demasiado calor, cuando el humo es tan denso que no podemos ver con claridad, cuando el problema es demasiado grande, el dolor demasiado fuerte, la destrucción demasiada generalizada? ¿Qué hacemos entonces? Estamos tentados a dar un paso atrás, dar la vuelta y correr.

Seguir a Jesús en el fuego es diferente. Estamos invitados a confiar en que Jesús ya ha entrado en los incendios que queman delante de nosotros y él nos está esperando allí. Nosotros como seguidores de Jesús debemos confiar en que este hombre de fuego es quien nos llama a unirnos a él, y que nos llevará a través de las llamas. Es como si Jesús estuviera diciendo: "¿Estás listo para ser bautizado como Yo soy bautizado? ¿Estás listo para seguirme en el fuego?" (Marcos 10:39).

Cuando elegimos seguir a Jesús, cuando elegimos seguir a este hombre, tomamos una decisión clara y valiente. Optamos por seguir a Jesús y dejar que los fuegos ardan alrededor de nosotros. Elegimos ser diferentes, como él era diferente. Creyendo que Jesús recibió vida y ministerio a través del Espíritu de Dios y que él sufrió y murió y fue enterrado como parte de la voluntad de caminar en el fuego de la muerte, no solamente es valiente, sino que también nos lleva hacia una conversión radical en nuestras vidas. Reclamamos su historia como la nuestra, y llegamos a entender que los incendios de este mundo, no tienen comparación alguna con vivir la vida eterna con Jesucristo.

Nuestra mirada no está simplemente puesta en la eternidad. Podemos caminar en el fuego con Jesús hoy y vivir nuevas vidas *ahora*. Podemos vivir con el mismo poder del Espíritu que Jesús poseía. Esto es en parte debido a nuestro bautismo y nuestras oraciones diarias, las cuales ayudan a guiar nuestras vidas. Podemos elegir ser siervos de todos, para compartir las buenas nuevas de Jesús con los que nos rodean. Podemos elegir construir casas para los que no tienen hogar, cocinar alimentos para los hambrientos, desmantelar los sistemas de mal, y dar con generosidad de lo que Dios nos ha dado. A veces, el fuego de estas opciones y el ardiente calor de esta vida se calientan demasiado. Pero sabemos y entendemos como episcopales que, al vivir una vida transformada, estamos reflejando la vida de Jesús. Cuando hacemos esto como individuos, no sólo reflejamos al Dios en que creemos, sino que también nos acercamos a su presencia.

¿Estamos listos? El fuego está quemando en todo nuestro alrededor. El mundo mismo está en llamas. Son las llamas de la inestabilidad política, la desigualdad económica, y la calamidad individual. En tantas

maneras la gente de todo el mundo está esperando a
ver quién entrará al fuego para caminar con ellas. El
mundo está ardiendo y algunos se preguntarán: "¿Estos
cristianos, estos episcopales, viven lo que predican, o
no es más que una retórica inflamatoria? ¿Creen en
Jesús?" Jesús caminó sobre las llamas para sanar al
hombre ciego. Se acercó a las llamas para salvar a la
mujer adúltera. Se acercó a las llamas para alimentar
a una multitud de personas que sufrían hambre y sed,
para calmar las aguas tormentosas, para enfrentar a la
muerte en el Viernes Santo. ¿Podemos seguirlo?

Hay un poema titulado "A Man on Fire" (Un
hombre en fuego), escrito por Peter Ponzio como una
reflexión sobre un famoso retrato del artista Vincent
van Gogh. Me recuerda la oportunidad de seguir a
Jesús en realidad, en este momento.

Llamas rojas descienden desde el cielo,
ardor en las profundidades de sus ojos,
y crepitan ya que engullen su pelo,
en lenguas de fuego.

Los ojos, los ojos, mirada fija en él,
indiferencia plácida, mientras a su alrededor
lenguas de fuego lamen el aire
la combustión en la noche.

No hay estrellas aquí; luna no dibujaba;
no hay reflexiones serenas en los fogosos
lagos de abajo; sólo el fuego y la quema,
y la pasión que duerme en esos ojos entrecerrados.

¿Santo o loco? ¿Artista o lunático?
¿Le importa a un hombre en llamas?
¿Pueden las simples palabras expresar el deseo
que avivó las llamas en un incendio,

incendiar el lienzo? ¡Ay! Yo anhelo
una llama que consuma mi deseo,
que sacie la sed de mi anhelo,
para sumergirse de cabeza en las llamas

Que destruyen todo pensamiento consciente,
Todas las mentiras vacías,
todas las palabras escritas en
pergamino agrietado. Anhelo la
pureza de fuego, la paz de flamas.[18]

Empapados en las aguas del bautismo, nos volvemos
impermeables al fuego. Es por eso que el bautismo es tan
importante. Nosotros sabemos que cada hijo de Dios
se encontrará con los fuegos de la vida: la decepción,
la angustia, la injusticia, la enfermedad. Pero también
sabemos que Jesucristo ha prometido estar con ellos,
siempre. Cuando un sacerdote rocía agua al niño o
sumerge ese adulto, cuando el sacerdote le entregue una
vela encendida en el cirio pascual, cuando oramos por
aquellos que serán bautizados, juntos proclamamos:
"Ningún daño vendrá a ti. El fuego de Cristo no te
quemará, pero puede arder dentro de ti. "Jesús y su
iglesia se reúnen a nuestro alrededor para sostener
nuestras manos, ya que estamos juntos en este fuego
devorador de Cristo.

capítulo cinco

Los Pasos por el Sendero de la Montaña

Celebrante ¿Crees en Dios el Espíritu Santo?

Candidato Creo en el Espíritu Santo, la santa iglesia católica, la comunión de los santos, el perdón de los pecados, la resurrección de los muertos, y la vida eterna.[19]

Y Jesús les dijo: "Síganme, y yo los haré pescadores de la gente". Inmediatamente ellos dejaron las redes y lo siguieron.

— MATEO 4:19-20

n el año 1920, el decimotercero Dalai Lama dio un permiso especial al Comité Everest del Club Alpino en la Sociedad Geográfica Real (Royal Geographical Society) de Gran Bretaña, permitiendo el acceso a los escaladores y topógrafos, para que la zona que rodea la montaña de Nepal pudiera ser escalada y registrada en un mapa. A lo largo de la década de 1920-1930, la Sociedad envío legiones de escaladores británicos, sherpas, y una multitud de personal de apoyo para el asalto a la gran montaña, Sagarmatha, diosa del cielo, el Everest.

En 1928, Hugh Rutledge fue elegido para dirigir la expedición del año, y se llevó con él una mujer de veintiún años de edad, Christine Bond. Ella sirvió como enfermera y viajó con su equipo a través de la cordillera Himalaya de Nepal. Ella fue una de las primeras mujeres montañeras que navegaron las Himalayas. Exploró áreas en las alturas de Nepal que no habían sido carto grafiadas, y el equipo de Rutledge subió a pueblos donde nunca se había visto a una mujer blanca anteriormente. Ella escribió: "Cuando llegué, yo ni siquiera tenía ropa adecuada. Fue el comienzo de la escalada. Tuvimos que obtener gafas y equipado con los pantalones hechos de algún tipo de material grueso, de manera que durarían, y tardó un tiempo bastante largo para aclimatarse y acostumbrarse a la región de la montaña".[20]

El frío no era el único peligro que enfrentaban los exploradores de las Himalayas en la década de los 1920's. Cuando escuché por primera vez acerca de Christine Bond, ella tenía noventa y seis años de edad y vivía en Hastings, Inglaterra. Ella contó la historia de cómo una noche, cuando estaba durmiendo en su tienda de campaña, un leopardo de las nieves merodeaba cerca. Después de que los sherpas lo mataron con palos, le dieron a ella el cadáver porque pensaban que era una mujer inglesa muy valiente por haber venido de tan lejos.

Por supuesto, no sería hasta 1953 que Sir Edmund Hillary llegó a la cima del Monte Everest, y hasta 1975 que una mujer, Junko Tabei, alcanzaria llegar a la cumbre. Sin embargo, Christine Bond fue cambiada y transformada por aquellos años pasados en Nepal, caminando paso a paso por un camino peligroso. Ese viaje inspiró la forma en que ella viviría contaría, y ella contaba estas historias de leopardos de las nieves y aldeas lejanas a su hija y luego a su nieta.

En 2004, setenta y cinco años y dos generaciones después, Annabelle Bond, la nieta de Christine, siguió en los pasos de su abuela y más allá. A los treinta y cuatro años, Annabelle tomó el más duro y más peligroso reto en el montañismo. Inspirada por las historias de su abuela, ella intentó escalar las siete sumas más altas del mundo. Esa conquista de la cima más alta de cada una de los siete continentes, ha sido llevada a cabo por sólo 115 exploradores en toda la historia. Ella completó el Desafío de Siete Sumas en 360 días, llegando a la cima del Denali en Alaska, el 10 de mayo en 2005, convirtiéndose en la escaladora más rápida en el mundo.[21]

Annabelle aún escala hoy. Después de subir las siete cimas más altas, ella continuó escalando para recaudar fondos para la organización "Eve Appeal", que se especializa en la prevención de cáncer del ovario. Ha recaudado más de $ 1.6 millones, y esos dólares han salvado la vida de muchas mujeres. Annabelle se inspiró para seguir los pasos de su abuela, Christine.

Cuando tomas los primeros pasos es difícil imaginar la culminación de tu viaje o el impacto que los pasos y las historias que acompañan tendrán sobre los que te rodean. Probablemente fue difícil para Christine imaginar, que cuando ella tomó esos primeros pasos hace muchos años atrás, que sus historias y experiencias formarían una de las mejores mujeres del alpinismo de nuestra historia su nieta.

Una Cadena No Interrumpida

No hay diferencia entre Annabelle y su abuela, entre tú y yo. Nosotros caminamos los pasos de hombres y mujeres cristianos que han ido antes que nosotros, como fieles seguidores de Jesús.

Nuestros padres y abuelos espirituales, los santos de Dios, pasaron a nosotros lo que ellos recibieron. A través del poder del Espíritu Santo compartieron en maneras amorosas lo que se les había dado, ofreciéndonos la oportunidad de seguir sus pasos. Lo hicieron en maneras intencionales, como cuando mi abuela me enseñó cómo orar antes de ir a la iglesia. Pero también lo hicieron en formas no intencionales, como cuando mi abuelo tomó tiempo en las tardes para sentarse y me contaba historias. Es difícil recordar todas las personas que han dado forma a mi vida espiritual, son tantos.

Tengo una gran foto de mi padre y su clase de confirmación, y en primer plano está una mujer a la que sólo conozco como la diácona Crow. Desconocida para mí, ella debió haber tenido una influencia espiritual en la vida de mi padre, que a su vez forma mi vida. Estoy seguro de que cuando mi padre, que era un sacerdote Episcopal, se sentó a nuestra mesa del comedor y me preparó para mi confirmación, me estaba poniendo un poco de esos pensamientos de la diácona (aunque seguramente no sabía eso en ese momento).

En nuestra iglesia Episcopal valoramos estas relaciones. Dentro de estas conexiones existen lazos de afecto que manifiestan el amor de Dios y las enseñanzas que captan el sentido de nuestra vida con Dios. Si pudiéramos conectarlos todos, encontraríamos que forman un camino de regreso a los primeros seguidores de Jesús, que comenzaron su viaje al entrar en relación con Jesús.

El evangelio según San Mateo nos recuenta la historia. Nos encontramos con Jesús en un momento muy importante en su ministerio. Él acaba de salir de cuarenta días en el desierto, un privado tiempo de tentación y de formación, y ahora comienza su ministerio público. Llega al mar de Galilea, y ve a dos pescadores, dos hermanos recogiendo sus redes, y les dice: "Síganme y yo los haré pescadores de gente" (Mateo 4:18-20).

"Sígueme" y "pesca gente". Esas palabras resuenan como la llamada al discipulado cristiano. Lo interesante es que la palabra usada aquí para "seguir" significa con más precisión "Ven conmigo ahora. No se demore". Es decir, "El reino de Dios está cerca. No solamente me sigas sino que camina en mis pasos y ven conmigo ahora". La inmediatez de la convocatoria es clara, y hacen exactamente lo que dice, dejando sus redes, lo siguen. Ese es el poder de la presencia de Jesús y del Espíritu Santo.

Entonces, Jesús encarna la invitación: "Vengan a ser pescadores de hombres, pescadores de gente". Como cristianos, a menudo entendemos estas palabras en el sentido de la evangelización. Estamos aquí para compartir el evangelio. Como los hermanos dejaron

sus redes para pescar, levantaron otras para pescar por
gentes. Sin embargo, hay más en la elección de estas
palabras de Jesús que simplemente ayudar a la gente a
encontrar a Dios. Si usted busca otros usos del término
"pescadores de hombres", encontrará que son raros y
casi siempre asociados con historias de vocación y de
llamado.

Habiendo sido educado en la sinagoga local, Jesús
seguramente eligió estas palabras intencionalmente. En
particular, me imagino que tenía en mente el libro del
profeta Jeremías. El profeta proclama su visión de un
nuevo reino en el que Dios reunirá todo Israel y dice:
"Yo voy a hacer venir a muchos pescadores, Yo el Señor
lo afirmo. Luego, haré venir muchos cazadores para que
los cacen y los saquen de todas las montañas, colinas y
hasta de las grietas de las rocas". (Jeremías 16:16) Dios
está llamando a los pescadores y cazadores para ir a
buscar a los esparcidos, para sacarlos de la cuevas y
traerlos a casa al reino de Dios.

Casi todos los profetas, Amós, Habacuc, Isaías,
Daniel, Elías, Jonás, y otros más dicen que el reino de
Dios está a la mano y que habrá gracia y plenitud para
todos. De hecho, debió haber sido increíble para estos
hombres judíos estar en el mar de Galilea, y escuchar
la llamada de Jesús, y reconocerlo como el llamado de
un profeta, sabiendo que la Palabra estaba allí en sus
labios y en su corazón. ¡Qué poderoso, saber que su
trabajo no sólo era para ir a buscar gente! A ellos se
les ofreció la oportunidad de ser socios de Dios, para
encontrar aquellos que no tenían hogar, los que se
sentían perdidos, los que no tenían nada, y restaurar
toda la familia de Dios. Sólo habían oído las historias,
pero ahora escucharon el llamado al unirse con Dios y
vendar a los quebrantados de corazón y ayudar a los

dolientes a cantar una nueva canción y encontrar las ovejas perdidas de Israel.

Es lo mismo para nosotros. Jesús está aquí, ofreciendo la misma invitación a dejar todo y cambiar el mundo. Ir, salir y encontrar a la gente. Ser verdaderos pescadores de almas que se sienten perdidas y dejadas a un lado.

El Pueblo del Espíritu

Ahora, si seguimos repasando las páginas del evangelio según San Mateo, seguimos a Jesús hasta la cima de la montaña donde se ofrece el Sermón en la Montaña. Él se ha movido desde su preparación en el desierto, para llamar a unos pocos fieles a unirse con él en la obra del profeta. Entonces comienza su trabajo, enseñándoles al pueblo de Dios el propósito de sus vidas, recordando a la humanidad que hemos sido creados para glorificar a Dios y perseguir el sueño de Dios de la reconciliación y la restauración.

Desde el monte, desafía a los que tienen oídos para que realmente escuchen. Le oigo decir: "Benditos son los pobres en espíritu. Estos son aquellos que anhelan desesperadamente oír las palabras consoladoras de tus labios. Benditos son los que tienen hambre. Esta es tu gente. Benditos son los que tienen sed de justicia. Estos son los que quiero ir a buscar y traer a casa". ¿Qué vamos a hacer? Amar a las personas. Ofrecerles una visión de nuestro camino, caminando con Cristo. Hábleles de nuestros pasos, el camino para ir para el cielo.

Piensa en aquellos que han compartido la visión de su obra y, a su vez, tuvieron un impacto en tu peregrinación. ¿Quién tuvo la Palabra de Dios en sus labios y en su corazón? ¿Quién te ha ofrecido un poco de misericordia y cambió su vida? En esos momentos en que no estábamos seguros sobre el futuro, nos cogieron en sus redes, compartieron su vida en Cristo, y volvimos a pisar en tierra firme.

Sé que mi vida es diferente debido a la gente que eligió dejar todo y estar allí para mí y cuando más la necesitaba. Conversaciones nocturnas de encrucijadas en mi vida con mis amigos de la escuela secundaria, figuras sólidas que me abrazaron con su apoyo cuando mi mejor amigo murió, personas generosos que literalmente, abrieron sus puertas y me dieron refugio cuando yo no tenía casa. Cada una de estas buenas personas dijeron que *Sí*, y su sí a Dios en sus vidas ordinarias me formaron y me permitieron tomar otro paso en el camino.

La mayoría de nosotros nunca va a viajar a Nepal y conquistar el Monte Everest. Nosotros, al igual que los pescadores, vivimos vidas ordinarias, pero se nos da la oportunidad de vivir la vida normal de una manera extraordinaria. Dios nos invita a venir con él hoy, para seguir sus pasos, para ser la gente de misericordia y ser pacificadores a lo largo de la carretera, y para pescar y coger a la gente. Esta es la labor de la iglesia, esta es la comunión de los santos, este cuerpo unido entre sí y lleno del Espíritu Santo, caminando juntos el camino al cielo.

Es posible que no escalemos montañas, tú y yo, pero si tenemos un poco de fe y la Palabra cerca de nosotros, en nuestros labios y en nuestros corazones, "tan pequeño como un granito de mostaza", podemos mover montañas. Así que ten cerca la Palabra. Camina en los pasos de Jesús. Permite que el Espíritu Santo obre en ti. Esta es la iglesia en el mundo de hoy.

capítulo seis

Iniciar y Continuar

Celebrante   Continuarás en la enseñanza y la comunión de los apóstoles, en la fracción del pan y en las oraciones?

Candidato   Así lo haré con el auxilio de Dios.[22]

Estoy convencido de que nada podrá separarnos del amor de Dios: ni la muerte, ni la vida, ni los ángeles, ni los poderes y fuerzas espirituales, ni lo presente, ni lo futuro, ni lo más alto, ni lo más profundo, ni ninguna otra de las cosas creadas por Dios. ¡Nada podrá separarnos del amor que Dios nos ha mostrado en Cristo Jesús nuestro Señor!

— ROMANOS 8:38-39

n la vida no me iba muy bien. Era el otoño de
1999. Yo estaba sirviendo como sacerdote de
una misión en una parroquia muy conectada
a la universidad de Texas A & M en College Station,
Texas. Me sentía atrapado bajo el peso de mi propio
ministerio. Yo era joven y estaba ansioso por trabajar,
y tomé demasiada responsabilidad y negaba compartir
la carga con los otros miembros del ministerio. Mi
relación estaba tensa con mi familia. Yo no pertenecía a
un grupo de colegas, o grupo de confidentes con quien
podría compartir el peso. Mi vida de oración estaba en
el suelo.

Y entonces llegó la tragedia. Era temprano en la
mañana, yo estaba en camino a Austin desde College
Station. Recibí una llamada telefónica de un feligrés,
que me informaba de que la hoguera (una costumbre
anual de la universidad, en la que se construye una
estructura de madera que se elevaba unos cincuenta
pies y se prende en fuego) había caído, aplastando y
matando a varios estudiantes. Inmediatamente me di la
vuelta y me encontré atendiendo a estudiantes jóvenes,
traumatizados por el derrumbe, y a los agentes de policía,
bomberos y otros que participaban en el desesperado
esfuerzo de rescate. Di todo de mi… y mucho más.

Empujado contra la pared, desgastado de mi propio
poder, supe que yo no podía continuar así. Algo tenía que
cambiar. Encontrar un consejero me ayudó, y también
conectarme a un grupo de sacerdotes y una comunidad
monástica. También comencé atendiendo a un grupo
Al-Anon, un grupo de familiares de alcohólicos, y
comencé a trabajar con el programa de 12 Pasos.

Acompañado por un padrino del programa, pronto
estaba leyendo mi ejemplar de *Un Día a la Vez* y
asistiendo a las reuniones de Al-Anon con regularidad.

Terminé rápido el Paso Uno: "Admitimos que éramos impotentes ante el alcohol, que nuestras vidas se habían vuelto ingobernables". Paso Dos era un poco más difícil: "Llegamos a creer que un Poder superior a nosotros mismos podría devolvernos a nuestro juicio sano". Yo podía entender que Dios era mayor que yo, pero ¿depender de Dios para restaurarme? Luché y me detuve, pero al final me di cuenta de que podía confiar en el poder de Dios.

Luego vino el Paso Tres: "Tomamos la decisión de depositar nuestras voluntades y nuestras vidas al cuidado de Dios, como nosotros lo comprendemos". En este paso me encontré con un gran obstáculo. Yo podría hacer teología, predicar, dirigir la Eucaristía, y hacer todo tipo de cosas sacerdotales, pero ¿podría convertir mi voluntad y mi vida al cuidado de Dios? No era ese el Dios que yo conocía en ese tiempo.

Entré en lo que algunos llaman la noche obscura del alma, ese momento en que una persona descubre lo que cree. Y yo no estaba listo. Pero una noche, después de una reunión particularmente difícil de Al-Anon, me fui a la iglesia y me tiré de rodillas en oración. Lloré. Le grité a Dios.

Por último, al igual que una de nuestras tormentas de Texas, pasó y yo estaba tranquilo. En el silencio vino la claridad. Una belleza. Amor como nunca había conocido o experimentado. Un desahogo hacia afuera y el derrame del Espíritu Santo hacia el dentro de mi ser, y comprendí que cuando yo me rendí y descansé en Dios, recibí la gracia de la salubridad mental y claridad de visión.

Entendí por primera vez en mi vida el amor de Dios para mí a través de Jesucristo, y que no había nada en el cielo o bajo el cielo, ningún poder o autoridad que me podía separar del amor de Dios. No habría ningún reto demasiado grande que no pudiera atravesar hasta el final con el amor de Dios. No habría dolor tan profundo, que la gracia de Dios no pudiera sanar. No habría nada que pudiera evitar que el poder de Dios me levantara y me concediera ver el camino de Jesús delante de mí. Lo había predicado por muchos años, pero sólo entonces, en la tranquilidad de una pequeña iglesia en Texas, finalmente lo comprendí en verdad.

Lo que comprendí es esto: yo había estado empujando y luchando y poniendo mi trabajo en primer plano, como si por mis propias esfuerzos fuera posible salvar a todos, incluyéndome a mí. Pero la oración, la práctica de entregar nuestras vidas a la gracia de Dios *es* trabajo, y ese trabajo tiene su origen en la oración. Jesús lo enseñó a sus discípulos, y los primeros seguidores formaron sus comunidades alrededor de esto: la oración y las comidas en comunidad primero, y entonces la acción. La oración da forma a nuestras creencias, como romper pan con todo tipo de personas da forma a nuestras vidas.

Dios quiere para nosotros, por el Espíritu Santo, que oremos a lo largo de nuestras vidas, y que nuestras acciones broten de nuestra oración y relación con Dios.

La Disciplina de la Oración

El encontrar un lugar para la oración, incluso un tipo de oración, no es en sí tan difícil. Lo que sí es difícil, igual que como el ejercicio físico, es hacerlo diariamente. Mantener una vida de oración tan regular como el respirar es la meta de todo discípulo. Y aun así, parece quedar fuera del alcance de la mayoría de nosotros. En parte, el mantenimiento de una vida de oración saludable es difícil porque lo dejamos tan rápidamente. Es fácil dejar que las interrupciones diarias tomen posesión de nosotros y poco a poco nos extravían de una rutina sostenible y sustentable. Yo te animo que hagas este esfuerzo. Identifica un lugar, establece un tiempo fijo, y comprométete a orar. Si lo has intentado hacer antes, inténtalo de nuevo. Vivir en la comunión de los santos es predominantemente una obra de oración. Descubrirás que es mucho más difícil participar en la creación del reino, si no lo estás construyendo en una base sólida de oración.

Estar consciente y en oración no es sólo algo que uno hace encerrado en secreto. La oración es para toda la vida, así que sé valiente y trae la oración a tu vida. Siéntete libre de rezar en tu carro, en tu oficina, en la mesa antes de cenar, con tus hijos, con amigos, antes de una reunión y después de la reunión.

El Espíritu Santo, que busca unirnos con Dios, también abre nuestros corazones y nuestros ojos a descubrir a Dios en nuestro mundo. La oración sirve para ver y para estar alineado con el Espíritu.

La Regla de la Sociedad de San Juan Evangelista (SSJE), una comunidad monástica episcopal de la cual soy miembro, establece que al orar a lo largo de nuestra vida vemos cómo podemos "estar a disposición de Dios en el momento presente". Con el tiempo, vemos que "La oración llega a impregnar nuestra vida y transfigurar nuestras rutinas mundanas".[23] De manera muy real, cuando decidimos seguir a Jesús, no simplemente elegimos aprender orar, sino que elegimos orar al vivir.

Karl Rahner, uno de los principales teólogos de la iglesia católica romana del siglo XX, y uno de los artífices del Segundo Concilio Vaticano, oraba:

Ahora veo claramente que, si hay algún camino en absoluto en que puedo acercarme a Ti, debe ser a través de mi vida diaria y ordinaria. Si yo tratara de correr hacia Ti de cualquier otra manera, en realidad me estaría dejando detrás a mí mismo, y eso, aparte de ser bastante imposible, en fin no lograría nada.[24]

La Oración de Jesús

En la iglesia Episcopal, el Padre Nuestro, la oración que Jesús enseñó a sus discípulos, es fundamental para nuestra vida de oración en común. Está presente en todos nuestros servicios privados y corporativos del culto, y es frecuentemente la primera oración que los niños aprenden. Con las más sencillas palabras, Jesús enseña a sus seguidores todo lo que necesitan saber sobre la oración.

Padre nuestro
Padre nuestro, porque debemos de buscar una relación íntima con Dios como lo hizo Jesús. Podemos desarrollar este amor íntimo con Dios, reconociendo que somos hijos de Dios y miembros de la familia de Dios.

Que estás en los cielos
Se nos recuerda nuestra naturaleza creada como un don del cielo. La vida es dada por Dios, que está mucho más

allá de nosotros. Reconocemos en esta corta frase que no somos Dios. Más bien, el Dios que proclamamos, es un Dios que hace todas las cosas y cuyo respiro da vida a todas las cosas.

Santificado sea tu nombre
En respuesta a la gracia de ser recibido en la comunidad de Dios, inclinándonos con humildad para reconocer nuestra naturaleza, reconocemos la santidad de Dios. Nosotros proclamamos que el nombre de Dios es santo.

Venga tu reino
Pedimos y buscamos el reino de Dios. Las palabras de Jesús nos hacen recordar que, como los propios deseos de los discípulos de sentarse a la mano derecha e izquierda de Jesús, este no es nuestro propio reino. El reino de Dios no es lo que tú y yo tenemos en mente. Rogamos: "Dios, por tu poder trae tu reino a este mundo. Ayúdanos a convertir nuestras espadas en arados, para que podamos cultivar una cosecha que pueda alimentar al mundo. Danos fuerza para comprometernos como compañeros tuyos en obrar por la restauración de la creación, no como nos imaginamos, pero como tú lo imaginas".

Hágase tu voluntad
Doblamos nuestras voluntades a la de Dios, siguiendo el ejemplo vivo de Jesucristo. Pedimos su gracia para que podamos echar a un lado nuestros deseos y asumir el amor del reino de Dios.

Oramos, "Que nuestras manos y nuestros corazones no construyen poderes y principados, pero el reino de amor y cuidado para toda clase y condición humana. Damos una porción de tu sabiduría para derribar nuestras paredes impuestas por nosotros mismos y abrazar a otros, como el león y el cordero que se acuestan juntos en el reino de Dios".

En la tierra como en el cielo
Le pedimos a Dios que nos dé ojos para ver esta visión del reino, y luego le pedimos valentía y fortaleza para poder hacer que el cielo sea una realidad en este mundo. Oramos a Dios: "Crea en nosotros la voluntad para tener manos que ayudan y corazones que aman a los que están cansados y necesitan descansar en ti. Que nuestros hogares, nuestra iglesias, y nuestras comunidades sean santuarios para un mundo dolido para refugiarse en ti, y asi alcanzar una pequeña experiencia de los cielos aquí en la tierra".

Danos hoy nuestro pan de cada día
En la oración, llegamos a entender que somos consumidores. Necesitamos, deseamos y simplemente queremos muchas cosas. En Cristo, se nos recuerda que todo lo que necesitamos es nuestro pan diario. Así que oramos: "Oh Dios, ayúdanos a ser conscientes de que proveerás para los lirios del campo y proveerás para nosotros. Mientras te rendimos nuestros deseos, nos ayudarás a ofrecer el pan de cada día para los que no lo tienen hoy".

Perdona nuestras ofensas, como nosotros perdonamos a los que nos ofenden
La salud mental y la restauración son posibles sólo porque Dios nos perdona. Debido a los sacrificios verdaderos hechos en la vida y muerte de Jesús, podemos ver y luego compartir la misericordia y el perdón. Entonces podremos orar, "Dios, que pueda entender yo

personalmente tu llamado a ofrecer el perdón sacrificial
para todos aquellos que me han hecho daño. Quiero
saber y ver mi propia culpa en esas relaciones rotas.
Que sea yo un sacramento de tu gracia y tu perdón a
los demás".

No nos dejes caer en la tentación

Al igual que Adán y Eva, que comieron del árbol del
bien y del mal y reemplazaron a Dios con su propio
entendimiento, necesitamos ayuda para alejarnos de
nuestros propios deseos terrenales y políticos para
volvernos hacia la sabiduría de Dios en Cristo Jesús. Así
que pedimos, "Estamos tan tentados a ir por el camino
más fácil, creer que nuestros deseos son los deseos de
Dios. Tenemos la audacia de asumir que podemos saber
la mente de Dios. Muéstranos el camino y ayúdanos a
confiar en Dios".

Líbranos del mal

Sólo Dios nos puede librar del mal. Hay obscuridad en
el mundo que nos rodea. Sabemos que esta obscuridad
se alimenta de nuestros deseos más profundos: de ser
Dios nosotros mismos. Esa engañosa voz afirma todo
lo que hacemos y justifica nuestras acciones, incluso
cuando compromete la dignidad de otras personas.
Nos susurra y nos dice que nosotros, y nosotros sólos,
poseemos la verdad de Dios. Debemos orar: "Dios,
líbranos del mal que habita este mundo, de la debilidad
de nuestros corazones, y la oscuridad de nuestras vidas,
para que podamos caminar en la luz de tu Hijo".

Porque tuyo es el reino, y el poder, y la gloria,
por los siglos de los siglos. Amén.
Sin Dios, no podemos hacer nada. Así que dedicamos
nuestras vidas a Dios, descansando en el poder de la
liberación de Dios. Nosotros humildemente pedimos,
"Ayúdanos ver tu gloria y tu belleza en el mundo, este y
todos los días. Amén".

Utilizando oraciones como ésta, Jesús modeló una
vida de oración como labor, y labor como una oración.
Los apóstoles y todos aquellos que lo han seguido desde
entonces han buscado vivir una vida de oración. Se han
dedicado a la oración que discierne las enseñanzas de
Jesús y luego moldearon sus vidas en la forma de la
vida de Jesús. Podemos tomar la misma vocación y
convertirnos en personas cuyas vidas se caracterizan
por la oración ferviente diaria. De hecho reflejamos y
reconocemos la centralidad de la oración y el trabajo
en nuestro propio compromiso a Dios cuando decimos:
"Lo haré, con la ayuda de Dios, siguiendo en la
enseñanza y comunión de los apóstoles, en la fracción
del pan y en las oraciones".

Entrando en la Comunidad de Dios

Dios está unido en un intercambio infinito de amor:
Padre, Hijo y Espíritu Santo. Esta es la forma más
simple de comprender la unión divina que llamamos
la Trinidad. Así que la oración no es, en su propia
naturaleza, sólo una conversación con Dios. Cuando
oramos, participamos en la vida divina de amor, la

comunidad divina, la conversación divina. Como criaturas de Dios nos envolvemos en el abrazo de Dios. A través de la oración somos elevados a la comunidad de Dios. En este abrazo, la idea de orar o adorar a un Dios extraño o "distante" desaparece. Estamos consumidos por la gracia de haber sido invitados a la unión divina de Dios, y como resultado de nuestra propia adoración y acción de gracias nos llena y desborda.

La oración es sacramental, un signo visible y físico lleno de una gracia invisible, un vínculo tangible entre nosotros y Jesús. En ella descubrimos una y otra vez que somos miembros del cuerpo de Dios, unido tanto a la comunidad de la Trinidad como a la comunidad de los fieles. Cuando oramos, Dios escucha la voz de Jesús en nuestras oraciones y las acepta como la suya.

Especialmente cuando traemos intercesiones para otros a este Dios comunal, descubrimos un profundo y permanente parentesco. Oro por mi familia, mis amigos, mis compañeros de trabajo, mis clérigos y los feligreses. La gente me da sus nombres y sus causas, porque saben que voy a rogar por ellos. Yo ruego por ellos por su nombre, y me imagino sus rostros. Yo creo que Dios está obrando en estas oraciones, y que mi voz es parte de la voz de Cristo elevando a cada persona hacia Dios, mi Padre, que está en los cielos.

Nuestras oraciones por aquellos que entre nosotros son pobres, viudas(os), enfermos, sin hogar, solos, o perdidos conectan el abismo entre todos nosotros y nos envían, empoderados por el Espíritu, para trabajar por la sanación y la reconciliación, el perdón y la restauración. Nuestra oración también nos lleva a ayudar a las personas a descubrir sus propias vocaciones. Somos guías en el camino, escuchando a la gente y ayudándoles a escuchar a Dios, mientras disciernen sus propios llamados únicos al ministerio.

Como que la Regla SSJE nos recuerda "Al orar por los demás aprendemos realmente y verdaderamente a amarlos. Cuando nos acercamos a Dios en su nombre los llevamos en el pensamiento, entramos en el ser de él que es Amor eterno, y entonces aprendemos a amar todo lo que llevamos allí".[25] Si estamos siguiendo a Jesús, entonces la oración debe ser el origen de nuestra labor. Así es la forma en que llegamos a conocer nuestro lugar dentro de la comunidad de Dios. Ésta es la forma en la cual la comunidad de Dios se vivifica en la tierra.

capítulo siete

Vuelve, Vuelve, Vuelve

Celebrante   ¿Perseverás en resistir al mal,
y, cuando caigas en pecado, te
arrepentirás y te volverás al Señor?

Candidato   Así lo haré, con el auxilio de Dios.[26]

Por eso, vuélvanse ustedes a Dios y conviértanse,
para que él les borre sus pecados.

— HECHOS 3:19

n domingo en Texas estaba visitando a una pequeña iglesia cerca de Austin. Estaba de pie en el salón parroquial después de participar en el octavo sacramento (café y donas después de la misa) y vestido con mi uniforme: una chaqueta azul, pantalones de color caqui, botas y un sombrero Stetson (de vaquero).

Una mujer simpática se acercó, me miró de arriba a abajo y declaró: "Bueno, usted no ha cambiado mucho".

Sorprendido le dije: "Ah, ¿sí?" Estaba sorprendido que esa desconocida podría evaluar así de rápido como era yo.

Con un brillo en sus ojos, ella continuó: "Cada noche, cuando llegaba a tu casa para cuidarte, siempre llevabas botas, pañales, dos revólveres y un sombrero. Me alegro de que ya no lleves los revólveres". Me reí y abracé a mi querida niñera de antaño.

Lo que ella no sabía era que me tomó un largo tiempo llegar a asumir este uniforme "viejo". En el año 1976, diez años después de que ella se había movido para otro lugar, yo llevaba jeans de campana, con una camisa de seda, con aves por todas partes y un cuello que tocaba mis hombros. Tenía el pelo largo y escuchaba la música de Donna Summer y The Village People.

Unos años más tarde, salió el libro *The Official Preppy Handbook* (el libro oficial de los pitucos), luciendo una chaqueta deportiva de color arándano, pantalones de color caqui, y un corte de pelo de $8. Así me podrías llamar "Chip".

Al final de la década de 1980 me encontré estudiando arte, y llevaba jeans llenos de agujeros y cubiertos con manchas de pintura (porque yo era, de hecho, un estudiante de arte). Añade botas vaqueras, un montón de pañuelos, varias camisetas a la vez, y para acabar un arete en el oído.

Me arreglé un poco al empezar mi primer trabajo, y cuando comenzaba mis años en el seminario teológico de Virginia, estaba con chaqueta deportiva de color azul, pantalones de color caqui, una corbata de moño. . . y ese mismo corte de pelo de $8.

A finales de los años noventa, tomé un puesto en una iglesia de la universidad estatal en College Station y una vez más me quedé con el pelo largo y las sandalias Birkenstocks (los huaraches favoritos de los "hippies") — esta vez con pantalones de color caqui y una camisa de manga corta con cuello. Y ahora estoy de vuelta a mis botas, mi chaqueta azul y mi sombrero de vaquero Stetson. Así que he llegado al punto de partida.

¿Por qué esta autobiografía de la moda? Al mirar hacia atrás sobre nuestras vidas, podemos ver los errores que hemos hecho a lo largo del camino, y hacemos ajustes de dirección. Buscamos hallar nuestro ser verdadero, quien Dios nos ha creado para ser. En el camino, pecamos. Nos arrepentimos, nos volvemos hacia Dios de nuevo. El ciclo no termina jamás. Lave, enjuague, repita.

Preparándome para Recibir a mi Señor

En el Antiguo Testamento, uno siempre puede identificar a los profetas. Elías acababa de pronunciar un juicio severo sobre el rey Ocozías, después que el rey consultó a Baal-Zebub, el dios falso de Ecrón, en vez del Dios de Israel. Cuando los mensajeros del rey trajeron la noticia

de la advertencia del Señor — "Ya no te levantarás
de la cama, sino que vas a morir", el rey le preguntó
qué clase de hombre podía traer tan terrible noticia. Y
los mensajeros respondieron: "Era un hombre vestido
con una capa peluda, y con un cinturón de cuero en
la cintura". Entonces el rey se dio cuenta que era el
profeta Elías, que era de Tisbé. (2 Reyes, 1:1-8)

Cuando llegamos al Nuevo Testamento, nos
encontramos con otro hombre peludo con una camisa
de pelo de camello y un cinturón: Juan Bautista. Él
aparece en el desierto de Judea, un lugar de gran peligro,
un lugar de vida o muerte y proclama: "Arrepiéntanse,
pues el reino de los cielos está cerca". (Mateo 3:1-4).

¡Arrepiéntanse! Nosotros, como episcopales,
sabemos del arrepentimiento. Nos arrepentimos cada
domingo terminando la Oración de los Fieles y antes
de los anuncios. Pero cada uno de nosotros traemos
una visión única de lo que significa el arrepentimiento.
Si eras católico romano antes, es posible que tengas
recuerdos de la confesión privada con un sacerdote. Si
eras de una denominación más protestante, puede ser
que recuerdes los llamados al altar para limpiar el alma
del pecador. Ponemos un montón de imágenes a esta
palabra "arrepentimiento".

En griego, la palabra que Juan Bautista usa es
metanoia. *Metanoia* significa "cambio": literalmente,
girar 180 grados en la dirección opuesta. Juan dice:
"Cambien, porque hay que preparar el camino para el
Señor". El propósito del mensaje de Juan es esto. Primero:
"Estoy aquí para prepararte a conocer a Jesús". Y
segundo: "Deseo que seas capaz de reconocerlo cuando
venga, y para poder hacer esto, tienes que cambiar".

Igual como el profeta Elías dijo la verdad al rey de
Israel y lo llamó al arrepentimiento, el profeta Juan

dice la verdad, llamando a la gente a arrepentirse y preparar sus corazones para recibir el agua viva. Al igual que el rey Ocozías innecesariamente buscó al dios falso Baal-Zebub, Juan le dijo a las personas que no era necesario tener a los dioses de este mundo que les rodeaba; los dioses del poder y la riqueza, los dioses de los comportamientos egoístas, y los dioses del consumo no los iban a salvar. En respuesta al mensaje de Juan, el pueblo de Israel fue al río Jordán para encontrarse con este nuevo Elías; y él se encontró con ellos ahí, bautizándolos y preparándolos para el encuentro con su Señor.

Una Vida de Conversión

La única manera en que podemos acercarnos a Dios es continua y honestamente afrontar nuestros pecados, arrepentirnos y regresar al Señor. Piensa en la urgencia de los mensajes de Juan y Elías. Nuestra vida depende de este cambio.

Al mirar hacia atrás mi camino espiritual, puedo ver las conductas pecaminosas que he vivido y que he cargado conmigo a lo largo mi vida. Con el tiempo he aprendido que la sanación y redención sólo pueden suceder cuando estoy atento a mi propia debilidad y desorden. Entonces aparece la verdadera oportunidad de *metanoia*. Es por eso que, al comienzo de cada día, abro el Libro de Oración Común, rezo la oración matutina, y le pido a Dios que me ayude a cambiar. Tengo una larga lista de conductas que tienen que cambiar; ofrezco esa lista a Dios.

Por ejemplo, le pido al Señor que cambie mi actitud sarcástica hacia la vida y las relaciones y que ponga en su lugar una actitud de alegría. Le pido a Dios que cambie mi cinismo acerca el mundo y lo convierta en esperanza. Pido a Dios que tome mi interés personal y lo cambie por consideración, atención y compasión por los demás. Pido a Dios que tome mi naturaleza de consumidor y la convierta en una naturaleza generosa. Pido que mi sentido de la independencia sea convertido en plena dependencia en Él. Eso es sólo la lista corta de mis pecados, los más obvios para mí. Eso, es por lo que oro.

Como iglesia oramos por la gracia de convertir a nuevas formas de ser, así:

Padre bondadoso, te rogamos por tu santa iglesia católica. Llénala de toda verdad, en toda verdad, con toda paz. Donde esta corrompida, purifícala, donde esté en error, dirígela; donde se haya extraviada, refórmala. En lo que sea justa, fortalécela; de cuanto carezca, provéela; y donde esté dividida, únela; por el amor de Jesucristo tu Hijo nuestro Salvador. Amén. [27]

La iglesia Episcopal es una iglesia reformada, y eso significa que nosotros entendemos que no somos perfectos. Nuestra tradición anglicana nació del sufrimiento, la persecución, y el martirio de católicos romanos y protestantes, y nosotros no nos escondemos de ese hecho. Recordamos que la riqueza de muchos en estos Estados Unidos (incluyendo un número desproporcionado de episcopales) fue construida sobre las espaldas de esclavos. Recordamos que gran parte de nuestra riqueza fue construída sobre las espaldas de niños, hombres y mujeres que trabajaban en condiciones deplorables en fábricas cuyo dueños eran episcopales durante la Revolución Industrial. No podemos ignorar los escándalos de sexo y abusos por parte del clero. Tenemos que recordar la forma en que nosotros como la iglesia hemos maltratado y seguimos maltratando grupos enteros de personas a causa de su origen étnico o su género.

Digo todo esto porque una de las cosas bellas de la iglesia Episcopal es nuestra voluntad de constantemente intentar, por la gracia de Dios, de ser mejor. Reconocemos que batallamos con nosotros mismos, tratamos mal a los demás, que podemos ser corruptos, podemos estar equivocados, y podemos ser infieles como comunidad. Cada comunidad tiene estos rasgos; estoy feliz de estar en una iglesia que lucha con su propio pecado y busca la renovación de vida.

La Gracia de Cambiar

El cristianismo en la tradición episcopal es una vida puesta en práctica. El bautismo no es una parada sola en el río Jordán para ponernos nuestras prendas de protección bautismal. Tampoco la iglesia se perfeccionará durante nuestra vida terrenal. Igual que yo daño a los demás, también lo hace la institución de la iglesia. Pasado y presente, sin duda hemos hecho daño a otros y pecado contra Dios, al mismo tiempo que de manera tan humana hacemos nuestra peregrinación hacia el reino de Dios.

Pero estamos en una jornada. Como individuos y como una institución corporal, estamos tratando de

amar y seguir a Jesús. Lo que encuentro en mi camino es
que, cuando le pido la gracia de cambiar, el Señor viene
a mí en las personas, en las cosas que leo, en el paisaje
a mi alrededor. Si bien no puedo ir al río Jordán, puedo
ir a la Eucaristía todos los domingos, y el sacramento
del Cuerpo y la Sangre de Cristo me ayuda a cambiar.

La pregunta del bautismo no es, "Si pecas, ¿quieres
arrepentirte?" La pregunta es, "¿Cuando caigas en
pecado, te arrepentirás y volverás al Señor?" El hecho
de que tú, que yo, que todos pecamos, es un hecho.
Es nuestra naturaleza. La cuestión es ¿volverás?
¿Cambiarás? ¿Prepararás en tu corazón el camino del
Señor?

capítulo ocho

No te Resistas

Celebrante	¿Proclamarás por medio de la palabra y el ejemplo las Buenas Nuevas de Dios en Cristo?
Candidato	Así lo haré, con el auxilio de Dios.[28]

Jesús fue de Galilea al río Jordán, donde estaba Juan, para que éste lo bautizara. Al principio Juan quería impedírselo, y le dijo: Yo debería ser bautizado por ti, ¿y tú vienes a mí? Jesús le contestó: Déjalo así por ahora, pues es conveniente que cumplamos todo lo que es justo ante Dios. Entonces Juan consintió. En cuanto Jesús fue bautizado y salió del agua, el cielo se le abrió y vio que el Espíritu de Dios bajaba sobre él como una paloma. Se oyó entonces una voz del cielo, que decía: "Éste es mi Hijo amado, a quien he elegido".

— MATEO 3:13-17

n el año 1999, entrené para correr el maratón de Austin, del cual me siento orgulloso de decir que terminé. Un día salí para hacer una larga corrida. Era temprano y las calles estaban vacías. Este día particularmente ventoso, yo estaba luchando para terminar las millas.

Me encontraba en un tramo largo del camino, cuando noté un hombre caminando hacia mí en la distancia. Él llevaba una chaqueta rota y sucia, una gorra de lana, y algunos viejos guantes de cuero.

Estaba jalando lo que parecía ser una maleta de viaje, y parecía que podría estar cargando todas las pertenencias que tenía.

Cuando todavía estaba a cierta distancia, el hombre se detuvo y comenzó a descargar su equipo. Organizó la mayor parte en una pila ordenada y luego se inclinó y empezó a trastear sus posesiones por un rato. Cuando me acerqué e incluso lo empecé a pasar, me di cuenta de que estaba sacando unas bocinas con ruedas. ¿Qué había sacado? Un micrófono. Mientras lo pasaba empezó a gritar a través del amplificador: "¡Dale! ¡Dale! ¡Dale!" Lo saludé con una gran sonrisa y así aceleré mi ritmo que me llevó a recorrer los muchos kilómetros por delante.

Lo que quiero hacer es animarte, es decirte "¡Dale! !Dale! ¡Dale!" Quiero pedirte que sigas corriendo y cuando venga el tiempo, compartas la buena nueva con tus prójimos.

Sigamos Adelante con el Plan de Dios

Este capítulo comenzó con la historia del bautismo de Jesús. Él vino de Galilea al Jordán, para ser bautizado por su primo Juan, pero Juan intenta detener a Jesús. En efecto, se inclina ante Jesús y dice: "Yo no soy digno. Deberías ser tu quien me bautizas". Juan aparentemente está conmovido con un sentido de urgencia en combinación de un sentido de sentirse inútil. Por eso él dice, en efecto, "¡Detente!"

Para ser precisos, en griego la palabra que Juan usa es más como si la intención es no sólo "parar" a Jesús, sino "detenerlo". Jesús no se detiene. A pesar de que Juan vacila, Jesús insiste: "Tú eres digno. Necesito que hagas esto para que podamos seguir adelante". Efectivamente, después de que Jesús es bautizado, los cielos se abren, el Espíritu desciende como una paloma, y una voz declara: "Éste es mi Hijo amado, a quien he elegido". (Mateo 3:17).

¿Qué es lo que Jesús está tratando de encaminar? Nada menos que el plan de Dios para la reconciliación de los cielos y la tierra.

En el relato de la creación en el libro de Génesis existe el reino donde vive Dios, y luego están los "firmamentos", las masas de agua que Dios retuvo para crear la tierra. En nuestra historia del bautismo de Jesús, él se levanta de las aguas del Jordán, y los cielos — el firmamento, se abren. Pero en lugar de marcar la separación, esta vez los cielos se abren y todo queda conectado. En lugar de una historia de la creación que establece las divisiones hasta donde Dios habita, este es un momento de re-creación en que las cosas una vez divididas ahora se hacen una.

Por medio de Jesucristo, los cielos se abren para nosotros. Jesús rompe todas las divisiones y nos une con Dios. Dios hace algo nuevo en nosotros. Somos una nueva creación. "Por lo tanto, el que está unido a Cristo es una nueva persona. Las cosas viejas pasaron; se convirtieron en algo nuevo". (2 Corintios 5:17) Mateo vuelve a esta imagen cuando Jesús muere y el velo del templo que demostraba la separación entre Dios y quienos lo adoraban, queda razgado en dos. (Mateo 27:50-51)

La misión de Jesús en el mundo, era volver para animarnos para reunirnos con él en la proclamación de la Buena Nueva de la salvación y la reconciliación con Dios. Él vino a rehacer el mundo, utilizando las manos y voces de una comunidad humana unida. Somos co-creadores en la obra de la misión y la proclamación. Él nos ha llamado y nos dice: "!Dale! ¡Dale! Dale!"

Re-creados para la Misión

Tú y yo estamos re-creados cuando llegamos a conocer a Jesús. Esa re-creación se hace realidad en las aguas bautismales a través del cual realizamos nuestro camino. Pero ¿para qué? No diferente a la obra de Jesús, tú y yo hemos sido introducidos a la familia de Dios con el propósito de alentar a otros, para ayudar a otros a lo largo del viaje terrenal, a dar pasos un poco más ligeros y un ritmo un poco más rápido, para que todos puedan correr la carrera más cerca del reino de Dios.

Como cristianos, y específicamente como episcopales, nosotros hemos escogido seguir a Jesucristo. Nosotros decimos: "Yo intencionalmente, semana tras semana, día tras día, voy a tratar de ponerme en relación con Jesús para que mi vida y mi historia pueda ser re-creada". Nos esforzamos por encarnar esta re-creación a lo largo de nuestras vidas. Somos bautizados y marcados por Cristo para siempre, y somos enviados al mundo para conectar los reinos de Dios — para volver a crear y hacer nuevas todas las cosas. La iglesia es una comunidad donde conectamos con esta historia. Escuchamos la Palabra y participamos en la Eucaristía. En estas y en muchas otras formas, somos alimentados y re-creados.

Muchas veces la comunidad cristiana que se está bautizando está tan centrada en el individuo que nos olvidamos de nuestro llamamiento de crear el reino, el ministerio de reconciliación y re-creación. Sin embargo, como episcopales vivimos en contextos de misión donde somos responsables, junto con Jesús, para establecer el reino de Dios, aquí en el mundo.

Si nos fijamos en el final del evangelio según San Mateo, Jesús llama a sus seguidores a ir y hacer discípulos a todas las naciones, bautizando en el nombre del Padre, del Hijo y del Espíritu Santo, y enseñando sus mandamientos (Mateo 28:19-20). Por un lado, somos re-creados para vivir en comunidad y participar del culto; pero también estamos llamados al mundo, como Elías, Juan y los otros profetas, para bautizar, hacer discípulos, enseñar los mandamientos, moldear y formar servidores y amantes de Dios. Ése es nuestro trabajo.

En nuestra amada iglesia Episcopal, con mucha más frecuencia nos echamos en esta extraordinaria vocación. Nosotros decimos: "Oh, no. Seguramente esa es la obra de Jesús, no la nuestra. ¿Quiénes somos nosotros para moldear, para volver a crear, para asociarnos en la obra del reino?" Como Juan, nos detenemos y no aceptamos nuestro ministerio. Decimos: "No somos como esas otras iglesias. No le preguntamos a extraños si han aceptado a Jesucristo como su Señor y Salvador. Somos episcopales. Aquellos a quienes Dios quiere que sean episcopales nos encontrará y nos unirá a todos".

No me mal entiendan. Ese tipo de pensamiento es la posición opuesta de un verdadero don que nosotros como episcopales poseemos: verdadera humildad de nuestra relación con Dios. Somos un pueblo orientado hacia la oración, y al fin de cuentas estamos incómodos en tener el trabajo de proclamar la Palabra. ¿Quiénes somos nosotros para suponer que podríamos dar forma a la relación de esa otra persona con su Dios? Sólo Dios puede hacer eso, así que vamos a dejarlo entre la persona y Dios. Mientras este impulso es sincero y en algún aspecto verdadero, puede convertirse en una excusa para no participar en la proclamación. Nosotros, como muchos episcopales, debemos recordar que son "tanto/como" — tanto como la oración personal, como la proclamación pública y la misión.

Proclamamos el evangelio mediante la palabra, que es compartir la historia de la vida de Jesús, su crucifixión, su muerte, su resurrección, y su ascensión. También anunciamos el evangelio en nuestros actos. No es suficiente dar la palabra y el pan en la vida sacramental; nosotros, como episcopales, creemos en el pan verdadero también. Hacer uno sin el otro, es negar nuestra vocación. Una vez el obispo de Texas y Obispo Primado John Hines lo dijo tan bien:

> El evangelio auténtico no es especializado, separable o actividad periódica del pueblo llamado de Dios. Más bien es una dimensión dominante

de la naturaleza total y la actividad de la iglesia. Todo lo que la iglesia es y todo lo que hace tiene significado evangelizador. Cuando es fiel se refleja al que llamamos Dios y Señor. Evangelismo sólo existe donde existe la preocupación social. Su única justificación y su razón de ser radica en esto: "Porque tanto amó Dios al mundo. . . ." Resuena con pasión al fallecido Dag Hammarskjöld, "El camino hacia la santidad pasa directamente a través del mundo de la acción".

Expresado de otra manera, cuando experimentamos el amor de Dios, nos lleva a amar a nuestro vecino. Cuando se anuncia y recibe el Evangelio, allí está tu prójimo. Si persistimos en la descripción de las bendiciones cómodas que siguen al aceptar a Jesucristo como Señor sin describir y demostrar las demandas que el discipulado cristiano manda, engañamos al oyente y traicionamos el evangelio.[29]

Los líderes episcopales que dieron forma a nuestra iglesia y a nuestra nación lo hicieron porque se habían formado en una iglesia que fue exigente y orientada a las misiones, una iglesia que entiende su labor como una formación de la cultura en la cual se ha sembrado. En el evangelio según san Mateo es claro que la misión de la iglesia nueva era dar la bienvenida a la gente en la comunidad cristiana y ayudarles a remodelar sus vidas y la vida del mundo a su alrededor. Las mismas palabras que fueron pronunciadas al fin del evangelio de San Mateo, Jesús nos habla hoy: "Si ustedes van a seguirme, ésta es la forma en que debe ser. Ustedes salgan. Ustedes bauticen. Ustedes enseñen. Ustedes sean el cuerpo de Cristo. Ustedes hagan un mundo nuevo. Vengan conmigo. ¡Vámonos!"

Es Hora de Salir

Mientras te encuentras con personas en tu vida, ya sea en la escuela o en el trabajo, en el supermercado o en un avión, donde sea, te podrías preguntar, "¿Es ésta una oportunidad para dejarle conocer a otros a Dios, para comenzar ese proceso de formar relaciones que pueden conducirse al bautismo? ¿Podría ser que esta persona tenga un mal entendido de lo que significa ser cristiano? ¿O quizás no saben quién es Jesús en absoluto?" Se nos dan oportunidades innumerables para dar la bienvenida a la gente a encontrar su camino hasta el río Jordán, a las aguas del bautismo.

Cuando lo hagas, les estás dando la bienvenida a volver a crear y asumir la vida y ministerio de todos los cristianos bautizados. No te detengas como lo hizo Juan. Comparte tu camino de fe y escucha el camino de fe de los demás, y ayuda a descubrir la vida re-creada en Cristo. Proclama por palabra y por ejemplo las noticias transformadoras de Jesús, y toma tu parte con él para cambiar el mundo.

Hay personas en tu vida hoy que se están encaminando hacia ti. Te pueden ver desde la distancia. Quizás estén cansados. Algunos pueden estar muy lejos de casa. Otros cuando estos se acercan buscan ayudar. Tal vez han estado corriendo la carrera por un largo tiempo, han marcado un montón de horas, y la mayoría de esas horas en soledad. Tal vez están esperando un aliento, una esperanza y una razón para seguir adelante. Tú y yo como socios de Jesús nos podemos aparecer cuando sus pasos comienzan a flaquear. Nos podemos sonreír y decirles: "No te pares ahora. !Dale! ¡Dale! ¡Dale!"

capítulo nueve

La Mesa ya
Está Lista

Celebrante   ¿Buscarás y servirás a Cristo en todas
            las personas, amando a tu prójimo
            como a ti mismo?

Candidato   Así lo haré, con el auxilio de Dios.[30]

Sucede con el reino de los cielos como con un rey
que hizo un banquete para la boda de su hijo...

— MATEO 22

Cuando mi hija Zoë iba a cumplir seis años, ella estaba muy emocionada por su próximo cumpleaños. Ella y yo tuvimos esta conversación:

Zoë: Bueno, Papá, ya sabes mi bicicleta es bastante pequeña para mí. Y ya sabes, yo soy muy buena montando. Me refiero a montar mi bicicleta. Nosotros hemos estado practicando, mucho, ¿verdad, Papá?

Yo: Sí, verdaderamente hemos practicado mucho.

Zoë: (silencio por un momento) Um, ¿cuándo es mi cumpleaños?

Yo: Bueno, es en seis semanas.

Zoë: Vale, bueno — Papá, ya sabes que voy muy bien en la escuela, y yo estaba pensando. . . . ¿cuándo es mi cumpleaños?

Yo: Alrededor de un mes y medio.

Zoë: Ohhh, sí, claro, claro.

(Pausa)

Yo: Zoë, tu cumpleaños es el día después de mi consagración de obispo.

Zoë: Ohhhh, de acuerdo, de acuerdo.

Así que hablamos un poco más acerca de la escuela y de otras cosas. Después:

Zoë: Papá, ya sabes que estoy esperando que tengamos una pequeña fiesta para mi cumpleaños.

Yo: Sí, vamos a tener una fiesta. Vendrán
Nana, Papá, Pops, Honey, un montón de tus
amigos, y mis amigos, de hecho todos vendrán
y será una fiesta grande para ti.

(Pausa)

Zoë: ¿Y cuándo es eso, Papá?

Yo: Zoë, es en seis semanas. El 23 de noviembre.
Es antes del Día de Acción de Gracias y después
que me hagan obispo. ¿Está bien?

Zoë: Está bien, papá.

*(Queda en desde el asiento de atrás del carro,
y sólo se escucha el sonido de las ruedas en su
cabecita dando vueltas).*

Zoë: Sí. Esa bicicleta es demasiado pequeña
para mí. Um, Papá, ¿cuándo te van a hacer
obispo?

La verdad es que a todo el mundo le encanta una
buena fiesta. Y cuando es una fiesta para ti, es demasiada
la emoción. ¿Cuándo será? ¿Quién puede venir? ¿Qué
voy a recibir?

Igual que una criatura inocente de seis años de edad,
todo se centra en mí.

El Banquete de Bodas

Fiestas y grandes ocasiones no eran desconocidas por
el autor del evangelio de Mateo, y al reflexionar sobre
nuestro ministerio, pienso en la historia de la boda que

Jesús le conto a sus discípulos. Jesús revela la parábola de esta manera:

> Sucede con el reino de los cielos como con un rey que hizo un banquete para la boda de su hijo. Mandó a sus criados que fueran a llamar a los invitados, pero éstos no quisieron asistir. Volvió a mandar otros criados, encargándoles: "Digan a los invitados que ya tengo preparada la comida. Mandé matar mis reses y animales engordados, y todo está listo; que vengan al banquete". Pero los invitados no hicieron caso.
>
> Luego dijo a sus criados: "El banquete está listo, pero aquellos invitados no merecían venir. Vayan, pues, ustedes a las calles principales, e inviten al banquete a todos los que encuentren". Los criados salieron a las calles y reunieron a todos los que encontraron, malos y buenos; y así la sala se llenó de gente.
>
> Cuando el rey entró a ver a los invitados, se fijó en un hombre que no iba vestido con traje de boda. Le dijo: "Amigo, ¿cómo has entrado aquí, si no traes traje de boda?" Pero el otro se quedó callado. Entonces el rey dijo a los que atendían las mesas: "Átenlo de pies y manos y échenlo a la obscuridad de afuera. Entonces vendrán el llanto y la desesperación". Porque muchos son llamados, pero pocos escogidos. (Mateo 22:2-5, 8-14)

Muchas de las parábolas de Jesús nos pueden poner ansiosos, y ésta es una de ellas. Como una niña de seis años de edad, rebozando de esperanza por una bicicleta de dos ruedas, con un asiento con forma de plátano y serpentinas que fluyen desde la manilla. De igual manera nosotros queremos saber si estaremos invitados a la fiesta de Jesús. "¿Seré acaso invitado?" Y dada a la dureza de la parábola también podremos preguntarnos: "Y si voy a la fiesta, seré bienvenido de buena manera? ¿Seré incluido en el reino de Dios?"

Tentador como este auto enfoque puede ser, se puede convertir en una obsesión. El teólogo anglicano N. T. Wright ayuda a redirigir nuestra atención en su libro *Surprised by Hope (Sorprendido por la esperanza)* donde explica que la pregunta, "¿Cuáles seres humanos serán llevados al cielo por Dios?" no es la pregunta correcta. Más bien, debemos preguntarnos "Cómo Dios va a redimir y renovar su creación a través de los seres humanos".[31]

Mira esta historia de cerca. Jesús dice: "Sucede con el reino de los cielos como con un rey que hizo un banquete para la boda de su hijo". La atención se centra en Dios y el banquete para el hijo de Dios. Los primeros lectores de este evangelio habrían entendido que éste es el banquete de Jesús.

El rey envía a sus siervos a llamar a todos los que habían sido invitados, y no sólo eso. La palabra griega que se usa aquí es — *keklhmenous* — que implica estos invitados habían confirmado que iban atender a la fiesta.[32] Y ahora el rey les envía su siervo para hacerles saber que el banquete está listo, pero no vienen.

El obispo del siglo IV, Juan Crisóstomo, ha escrito sobre este mismo pasaje, y cree que este primer grupo de siervos, tal vez sean los primeros profetas Isaías, Amos, y muchos otros más, que también se dieron cuenta, que aquellos que ellos habían llamado no vinieron.[33] Pero Dios se mantuvo fiel, enviando otros servidores una y otra vez: "Ve por las calles principales. No sólo te pares con los que fueron invitados o los que fueron escogidos.

Salgan a las calles principales y reúnan a todos. Mi pueblo tiene hambre, y este enorme banquete es para todos ellos".

Las siguientes generaciones de siervos obedecieron; conforme a la parábola, "salieron a los caminos y reunieron a todos los que encontraron, buenos y malos". Ellos no se detuvieron para averiguar si los buenos o malos deberían estar allí. Estos siervos, estas vasijas de gracia enviados al mundo para proclamar que el banquete estaba listo, entendieron que aquello que ofrecían era para todos. Si te invitan y tú envías tu confirmación que asistirás, lo correcto es que asistas. Pero si nunca recibiste una invitación oficial, entonces Dios está enviando amigos para que vayan y te encuentren.

¿Cuántas veces en nuestras comunidades eclesiales extendemos ese tipo de invitación? Con mucha frecuencia, cuestionamos el pasado de nuestros invitados, su clase social, su origen cultural. Nos preguntamos, "¿Son *nuestra* gente?" Vivimos en un país libre, y hemos usado esa libertad para elegir vivir divididos. Estado Azul contra Estado Rojo (un estado controlado por el partido político democrático o republicano). Los cristianos contra musulmanes. Los creacionistas en contra de los darwinistas. Los pro-vidas contra aquellos a favor del aborto. Los homosexuales en contra de los heterosexuales. Pobres contra ricos. Los que piensan como nosotros en contra de los que piensan diferente. Esta epidemia se ha infiltrado a las comunidades cristianas también. Algunos de nosotros estamos invitados y estamos en contra de aquellos quienes pensamos que seguramente no están.

Es difícil para nosotros aceptar el don del banquete y la amplitud de la lista de invitados de Dios. Pero los siervos no se detuvieron. Salieron, y trajeron a todos. Todo el mundo.

Toda esa inclusividad parece desaparecer al final de la parábola, cuando llegamos a la parte más desconcertante. El Señor señala a un hombre. "Amigo, ¿cómo es que has entrado aquí sin traje de boda?" Oídos modernos podrían interpretar esto como una crítica de la ropa de mala calidad. "Bueno, tal vez el hombre era demasiado pobre como para llevar la ropa adecuada. ¿Cómo va a ser castigado por eso?"

En realidad, el lenguaje de el "traje de boda" tenía un significado muy especial para la iglesia primitiva; lo hubieran entendido como una referencia a la vida resucitada. Si el invitado no tenía traje de boda, si no tenía prendas de resurrección, eso significaba que no estaba comprometido con la obra de resurrección de salir y reunir a todos. Es casi como si hay una exclamación, en caso de que no lo habíamos comprendido la primera vez. No sólo estás invitado a asistir, pero también debes ser parte de la comunidad, preparado para literalmente dar paso a los que vengan después de ti.

Cuando leemos la parábola, es natural que nos identifiquemos con los que han sido juzgados: los que no aparecieron o los que no tienen la ropa adecuada. En realidad, Jesús puede estar diciendo que somos siervos del Dios Altísimo, que hemos sidos enviados una y otra vez para encontrar personas, para compartir el banquete con ellas y darles la bienvenida para compartir una vida de resurrección.

El Reino Es para Todas las Personas

Lo que los primeros cristianos entendieron claramente era esto: el reino de Dios era una asociación entre ellos y Dios. Sabían que su papel era el de salir, caminar con la gente, y darles la bienvenida. Para buscar y servir a Cristo en ellas. Para tratarlas con la misma compasión y perdón que Dios les había dado a través de Jesucristo. Para derribar los muros de la división y para saber que aquellos que no eran previamente parte de su comunidad, serían ahora sus hermanos y hermanas en esta creciente familia de Dios.

Tú y yo somos los beneficiarios de ese entendimiento. La iglesia que recibimos hoy, la iglesia global de las cuales la iglesia Episcopal es miembra, llegamos a existir porque los fieles respondieron a un llamado. Salieron, llevaron el banquete a la calle y dijeron: "El reino de Dios es ahora. Ven y vamos a festejar. Todo el mundo póngase el traje de bodas, ven y únete a nosotros para invitar a todo el mundo a la familia de Dios".

Este es nuestro trabajo, también. No se trata de mi bicicleta, mi partido, mi iglesia, mi liturgia. Es la fiesta de Dios, y somos socios de Dios en hacer la fiesta. La iglesia Episcopal no siempre ha hecho bien compartiendo las buenas noticias, pero con el paso de los años hemos ido luchando para vivir comprendiendo que la iglesia de Dios es para todos. Este celo por la misión y la inclusión es nuestra herencia de los primeros seguidores de Jesús. Es por eso que podemos proclamar confiadamente en nuestro Pacto Bautismal que debemos buscar y servir a Cristo en todas las personas, amando a nuestro prójimo como a nosotros mismos.

Se nos invita a asumir esta obra, sabiendo que Dios nos ha llamado a una asociación a través del bautismo. Dios nos está haciendo señas para que vayamos a satisfacer las necesidades de nuestro vecindario global. Nuestro objetivo es la restauración, con Dios y por el poder del Espíritu Santo, de una creación envuelta en la corrupción y el caos. Este es el traje de boda que nos ponemos en nuestro bautismo. Si decimos que *sí*, y si aceptamos la invitación al banquete, entonces el discipulado sigue.

La buena noticia es que se trata de una asociación. No estamos para salvar al mundo por nosotros mismos. Solo estamos para ayudar a salvar al mundo. Dios nos equipa, cada vez que nos reunimos en la mesa del banquete y recibimos el cuerpo y la sangre de Jesucristo. Debido a esa comida, tenemos la fuerza para regresar a las calles, semana tras semana, año tras año, para proclamar la invitación. Cuando la gente rechaza la invitación, regresamos para ser alimentados y ser fortalecidos y enviados de nuevo. Episcopales, como los siervos de la parábola, no se rinden. Somos una raza tenaz y buscamos extender la invitación en una manera generosa para participar en el reino de Dios.

Invitando Generosamente

Mi hija Zoë tuvo su fiesta. Logró recibir la bicicleta. Todo el mundo estaba allí. . . incluyendo algunos invitados inesperados. A todos nos gusta una buena

fiesta, una gran celebración, un banquete de bodas. Y tal
vez la mejor noticia es que, los episcopales entendemos
que el tiempo es ahora.

El banquete ha comenzado. El reino de Dios ya está
en medio de nosotros. Somos las vasijas de la gracia para
dar la bienvenida a todos, para compartir en la mesa de
Dios, que resplandece con todo lo que necesitamos para
sanar este mundo dañado. Todo lo que necesitamos
hacer ahora es ir a las calles y generosamente invitar a
nuestros vecinos a la fiesta.

Cuando yo estaba en el ministerio parroquial me
encantaba la siguiente invitación a la comunión, que
adapté de la Comunidad de Iona en Escocia. En mi
mente capta el espíritu misionero de la iglesia Episcopal:

La mesa ya está preparada.
Es la mesa de la comunión con Jesús y todos
　　aquellos que le aman.
Es la mesa de la comunión con los pobres y
　　hambrientos y aquellos con los que Jesús se
　　identificó.
Es la mesa preparada en el medio del mundo que
　　Dios amó y en el que Cristo fue encarnado.
Así que vengan a la mesa, vamos al banquete
　　celestial.
Vengan, aquellos de ustedes que tienen mucha fe
　　y aquellos de ustedes que están buscando más.
Vengan, aquellos de ustedes que han estado a
　　menudo en este festín,
　　y los que no han estado en un largo tiempo.
Vengan, aquellos de ustedes que han tratado de
　　seguir a Jesús pero creen que han fallado.
Vamos, la fiesta de la boda esta lista.
Es la fiesta de Jesús y nos invita a todos a
　　encontrarnos con él aquí.[34]

capítulo diez

El Hombre en la Puerta

Celebrante ¿Lucharás por la justicia y la paz entre
todos los pueblos, y respetarás la
dignidad de todo ser humano?

Candidato Así lo haré, con el auxilio de Dios.[35]

Pedro dijo: "No tengo plata ni oro, pero lo que
tengo te doy; en el nombre de Jesucristo de
Nazaret, levántate y anda".

— HECHOS 3:6

al Raines es columnista político y un pescador recreacional (de los que utilizan insectos artificiales como carnada). Igual que muchos que aprenden a pescar, él tenía una figura paterna que le mostró la técnica. Para Hal, este hombre era Dick Blaylock. Dick llevo a Hal a varios arroyos cercanos, y se dio cuenta de que Hal estaba frustrado porque no podía pescar ni un pez. ¿No era ese el punto? Él aún no había aprendido el dicho antiguo que dice, se llama "pescar", no atrapar. Como la mayoría de los seres humanos, a Hal le gusta ser productivo.

Su maestro entendió ese instinto de ser productivo, y le dio unos anzuelos fluorescentes de colores divertidos que habían de atraer los peces para que Hal tuviera algunos éxitos en sus esfuerzos.

A fin de cuentos, Hal pescó toneladas y toneladas de peces. Era como si fuera la milagrosa pesca de los discípulos y Jesús.

Sintiéndose como un pescador profesional, se fue a Pennsylvania con sus hijos, y dijo: "Chicos, tío Dick me enseñó a pescar, y ahora dejen que yo les enseñe". Él y sus hijos pescaron montañas de peces con estos fluorescentes anzuelos. Volvió a Dick y le dijo: "En Pennsylvania cogimos un montón de peces". Dick le preguntó "¿Cómo?". "Con los bichos fluorescentes", le dijo Hal. Dick simplemente respondió: "Oh". Hal se quedó pasmado. "¿Qué quieres decir con, 'Oh'?"

Dick dijo: "En realidad nada. Es que esas truchas crecen en los estanques de granjas cerradas. Ellos piensan que esos bichos fluorescentes son la comida tirada por los trabajadores. Sabes, ya no necesito mas atrapar peces como esos criados en esas granjas".

Hal no entendía todavía. "Bueno, ¿por qué me enseñaste a pescar con esos insectos fluorescentes?"

Dick dijo: "Pensé que tenías que hacerlo de esa manera. Tienes que coger peces con el fin de aprender a ser pescador".[36]

En ese momento, Hal se dio cuenta de que lo que importa no es la cantidad de peces que logras coger, sino la forma en que uno pesca.

Lo mismo es cierto para nosotros. Nuestras acciones realmente hablan más fuerte que nuestras palabras y nuestros procesos más que nuestras metas. Cuando Jesús llamó a los pescadores a seguirlo y ser pescadores de hombres, era importante la forma cómo procedían y cumplían su misión. Las acciones de los cristianos y los episcopales que siguen a Jesús importan mucho. Al final de cada día en el reino de Dios, nuestras acciones bautismales hablan más fuerte que nuestras promesas bautismales.

Importa cómo Vives

Jesús contó esta historia para explicar la importancia de nuestras acciones:

> "Había un hombre rico, que vestía ropa fina y elegante, que todos los días ofrecía esplendidos banquetes. Había también un pobre llamado Lázaro que estaba lleno de llagas y se sentaba en el suelo a la puerta del rico. Este pobre quería llenarse con lo que caía de la mesa del rico; y hasta los perros se acercaban a lamerle las llagas. Un día el pobre murió, y los ángeles lo llevaron a sentarse a comer al lado de Abraham. El rico también murió, y fue enterrado.

Y mientras el rico sufría en el lugar adonde van los muertos, levantó los ojos y vio de lejos a Abraham, y a Lázaro sentado a su lado. Entonces gritó: "¡Padre Abraham, ten lástima de mí! Manda a Lázaro que moje la punta de su dedo en agua y venga a refrescar mi lengua, porque estoy sufriendo mucho en este fuego". Pero Abraham le contestó: "Hijo, acuérdate que en vida tú recibiste tu parte de bienes, y Lázaro su parte de males. Ahora él recibe consuelo aquí, y tú sufres. Aparte de esto, hay un gran abismo entre nosotros y ustedes; de modo que los que quieren pasar de aquí a allá, no pueden, ni de a allá tampoco pueden pasar aquí".

El rico dijo: "Te suplico entonces, padre Abraham, que mandes a Lázaro a la casa de mi padre, donde tengo cinco hermanos, para que les llame la atención, y así no vengan ellos también a este lugar de tormento". Abraham dijo: "Ellos ya tienen lo escrito por Moisés y los profetas: ¡que les hagan caso!" El rico contestó: "Padre Abraham, eso no basta; pero si un muerto resucita y se les aparece, ellos se convertirán". Pero Abraham le dijo: "Si no quieren hacer caso a Moisés y a los profetas, tampoco creerán aunque algún muerto resucite". (Lucas 16:19-31)

Hay un hombre a la puerta y la forma en que lo tratamos es importante. Es importante para el hombre, es importante para Jesús, pero sobre todo, es importante para Dios. Es importante cómo el hombre rico trata a Lázaro específicamente, y cómo los ricos tratan a los pobres en general. Día tras día, al pasar por sus puertas, el hombre rico no prestó atención a Lázaro. Dios, por otro lado, tiene una preocupación particular para el hombre a la puerta.

Jesús deja claro que, si lo amamos, él espera que nos preocupemos por aquellos que han sido abandonados, marginados y por las ovejas que no tienen pastor. Recuerden las preguntas que el Cristo resucitado le hizo a Simón Pedro:

"Simón, hijo de Juan, ¿me amas más que éstos?" . . . Pedro, triste porque le había preguntado por tercera vez si lo quería, le contestó: "Señor, tú lo sabes todo; tu sabes que te quiero". Jesús le dijo: "Cuida mis ovejas". (Juan 21:15, 17)

Es cierto que somos responsables de nosotros mismos. Pero lo que la parábola nos enseñanza, que es radical, es que nosotros también somos responsables de las personas en nuestras vidas y en el mundo que nos rodea. Éste es un mensaje difícil de escuchar. Yo soy responsable a mí mismo, y, en menor medida, soy responsable de mi familia. Tengo responsabilidades en el trabajo; puedo extender la mano y ayudar a la gente. Pero, ¿de verdad Dios espera que yo sea responsable del hombre a la puerta? ¿Por qué? ¿Y cómo?

Este trabajo es algo más que los ricos atienden a las necesidades de los pobres, aunque eso es ciertamente parte del mensaje. El cuidado se ve a menudo como algo que los "ricos" hacen para los "pobres". Pero el desafío de Jesús a todos nosotros es que vayamos más allá de la *nobleza obligada*, la obligación de los ricos o los privilegiados de hacer actos condescendientes a favor de los pobres. El mensaje radical es que nos cuidemos los unos a los otros como prójimos, yo para ti y tú para mí. Esto nos mueve más allá de la noción de un samaritano ayudando un vecino golpeado y abandonado o un hombre rico ayudando un hombre pobre. Por lo contrario, el mensaje de Jesús es que ahora somos parte de una familia radicalmente reconfigurada en la cual cada uno es un hermano o una hermana por quien somos responsables.

A través de la cruz, Jesús ha asumido la responsabilidad por nosotros, y por el mundo entero. Ahora nosotros tenemos que hacer lo mismo y tomar nuestra cruz y seguirlo, cuidar el mundo en el cual vivimos. Eso nos hace responsable por nuestras comunidades, nuestras ciudades, nuestros estados, nuestra nación, otras naciones, e incluso por nuestros enemigos. Todas las ovejas son nuestra responsabilidad.

No sólo los que son como nosotros.

No sólo los que van a nuestra iglesia.

No sólo los otros episcopales.

No sólo los cristianos.

La lección difícil aquí, es que somos demasiado ansiosos como seres humanos de naturaleza caída y pecaminosa. Ignoramos, que es muy importante para Dios el cómo nos cuidamos y nos apoyamos los unos a los otros. Hay alguien que está parado a la puerta de nuestras vidas. Y esa persona, esa comunidad, está esperando que nos encontremos con ellos como extensiones de la misericordia de Dios, y su gracia y su amor abundante.

San Lucas es suficientemente considerado para darse cuenta de que este mensaje puede sonar duro y exigente; por suerte, él también envía un mensaje de esperanza. Lucas cree que una vez que tú elijas seguir a Jesús, el poder del Espíritu Santo se entra como fuego, y de repente, cosas increíbles son posibles. Puedes tomar tu propia cruz. Puedes cuidar y alimentar a los vecinos de cerca y de lejos. Lucas sabe que podemos reflejar la bondad y la gracia de Dios, que nos creó y nos redimió. Por el poder del Espíritu que late en el corazón de la comunidad cristiana podemos tomar la responsabilidad de cuidar de unos a otros y compartir nuestras vidas para la gloria de Dios.

La Buena y Peligrosa Noticia

En los Hechos de los Apóstoles, San Lucas ofrece otra historia de cristianos que actúan por un cariño profundo y una solidaridad con el sufrimiento.

Esta vez, los discípulos Pedro y Juan estaban en su camino al templo y vieron a un hombre en la puerta. Cada día sus amigos lo cargaban a la puerta del templo, llamada la Puerta Hermosa, esperando que él pudiera ser sanado, o al menos recibir algo de bondad.

El hombre en la puerta se acercó a Pedro y Juan. Pedro le dijo: "No tengo ni oro ni plata, pero lo que tengo te lo doy; en el nombre de Jesucristo de Nazaret, levántate y anda." Dicho esto, Pedro lo tomó por la mano derecha y lo levantó, y en el acto cobraron fuerzas sus pies y sus tobillos. El paralítico se puso en pie de un salto y comenzó a andar; luego entró con ellos en el templo, por su propio pie, brincando y alabando a Dios. (Hechos 3:1-8)

Tú y yo ofrecemos un testimonio único del plan de Dios para la salvación del mundo a través de Jesucristo. No hay ningún tema, ningún mensaje de esperanza, ninguna agenda política más transformadora que la Buena Nueva de la salvación en Jesucristo. Nosotros, como cristianos, sabemos de una fuente genuinamente sanadora para un mundo herido; tenemos acceso a la transformación para personas en extrema necesidad física y espiritual.

Tu objetivo y el mío no es el de convencer a los demás de la verdad de la historia del evangelio con argumentos proposicionales. Como el teólogo anglicano John Milbank reclama, no estamos involucrados en la conversión a través de argumentos acerca de las creencias, que a menudo se convierten en actos de violencia contra otros.[37] Nosotros estamos mas bien involucrados en contar nuestra narrativa como cristianos, con nuestras acciones que nos distinguen del mundo que nos rodea. Por esto, me refiero simplemente que existen muchas relatos rivales sobre cómo es el mundo, sobre quien es Dios y si Dios existe. Tenemos que reclamar nuestra proclamación única de la historia más grande que se puede contar.

Nosotros, como cristianos, podemos vivir nuestra fe para que otros sean atraídos por la belleza sublime de Dios reflejada en la iglesia obrando en el mundo. Nosotros, la iglesia, somos llamados a ser lo que el teólogo Stanley Hauerwas llama una "comunidad de carácter", que representa un "reino pacífico".[38] Estamos llamados a exponer en nuestra vida comunitaria la alternativa radical de los seguidores de Cristo. En el bautismo, estamos marcados con esta historia sagrada en nuestras frentes, y por lo tanto marcados como propiedad de Cristo para siempre. Las manos del obispo se colocan sobre nosotros en la confirmación y algunas veces en la recepción a la Comunión Anglicana para darnos el poder por el mismo Espíritu Santo para darnos una vida de descubrimiento, formación y misión.

Como Pedro y Juan, hemos recibido la sagrada historia de transformación, del pecado y de la redención, la muerte y la resurrección, la enfermedad y la curación. Cada uno de los santos que nos han precedido en la fe, nos ha pasado los relatos. A través de los siglos la proclamación de esta buena nueva de la salvación ha hablado más que el mundo secular que sólo proclama una historia de desesperanza. Miles de santos cristianos, desde San Pedro Abelardo con su poesía a San Francisco con sus acciones, han proclamado y dado voz a esta historia, "que después de su resurrección Jesús ascendió al cielo y al final de los años vendrá en gloria a juzgar a vivos y muertos y al final, plenamente manifestar el gobierno real de Dios sobre toda la creación".[39]

Como episcopales vamos más allá, haciendo un anuncio único de la fe cristiana. Varios temas son el corazón de esta proclamación distintivamente episcopal de la buena nueva, y nosotros compartimos estas convicciones a nivel mundial con otros anglicanos. Son capturados en el lecho de nuestro Pacto Bautismal. Ellos guían nuestra vivencia del mensaje del evangelio:

1. Nuestra fe episcopal está apoyada en nuestra reflexión contínua sobre las escrituras, las enseñanzas de los apóstoles, la oración comunitaria y la vida vivida en relación con los sacramentos.

2. La misión es la obra de Dios, que fue enviado al mundo y nos envía al mundo. Cuando actuamos de acuerdo al evangelio, hacemos que Jesucristo sea encarnado en el mundo. La misión y alcance es de Jesús: al principio, al último, y siempre.

3. Misión y alcance son una sola cosa. Buscamos satisfacer las necesidades de toda la persona, tanto espiritual como física.

4. Nosotros proclamamos en voz y en acción las buenas noticias del reino de Dios.

5. Enseñamos, bautizamos y nutrimos a los creyentes.

6. Respondemos a las necesidades humanas en servir a los demás.

7. Transformamos las estructuras injustas de la sociedad.

8. Buscamos iniciativas sostenibles y renovadoras que redimen no sólo la humanidad, sino la creación entera en la cual vivimos.

9. Nuestro alcance y nuestra misión siempre tienen su origen en la escritura, la tradición y la razón.

10. Hacemos un mayor testimonio al mundo cuando colaboramos más allá de las diferencias de la teología, la ideología y la identidad, con el fin de satisfacer las necesidades humanas a nuestro alrededor.

11. Somos cambiados por servir y por caminar con otros. Estamos incompletos sin la presencia a nuestro lado de los pobres, de los que no tienen voz, y de los oprimidos.

12. Por la gracia de Dios somos salvados y se nos ha dado poder para servir y actuar.

Esta es una historia única de nuestra fe. Es la roca sobre la cual descansa mi vida. Es la historia particular que da sentido al caos de un mundo gobernado por poderes principados. Es lo que nos ha sido dado por Jesús de Nazaret y lo que tenemos para ofrecer al mundo.

Cómo creemos, cómo comunicamos sobre Dios, sobre la historia que tú y yo hemos recibido — eso es un prisma, un ámbito, a través del cual el mundo que nos rodea tiene sentido. Eso es lo que significa ser episcopal: *Epi* quiere decir "En o por encima", y *scopal* significa "para ver con el fin de actuar, para orientar, para observar". Nuestra versión episcopal única del evangelio nos enseña que vemos y actuamos por el mundo, incluyendo el hombre a la puerta.

Compartiendo una Misión y un Mensaje

Debido a nuestra misión común, estamos singularmente preparados para ser el pueblo de Dios en el mundo. Ahora somos responsables por compartirlo: la misión y el mensaje. Hay gente afuera de nuestras puertas, y cada congregación y cada persona en la iglesia Episcopal tiene una responsabilidad de llevar al mundo el mensaje y la historia sin vergüenza y sin pudor. Puede ser que no tengas ni oro ni plata, pero tienes lo que has recibido: la gracia y la misericordia.

Es cierto que al final de mi vida quiero descansar en el seno de Abraham. Ese es mi deseo: al final del día, ser abrazado por el Dios que me ama. Lo que he aprendido por el estudio y por la oración acerca de esto, es que yo soy salvado solamente por la gracia, y de mí se espera que llegue a la puerta del cielo con el que ahora se sienta pacientemente en la puerta de mi comodidad. Sólo llegaré allí agarrado de la mano del hombre a la puerta.

capítulo once

Tú Eres la Respuesta a la Oración

Dios todopoderoso y eterno, que tu paternal mano sea siempre sobre estos tus siervos; que tu Espíritu Santo siempre sea con ellos; y de tal modo guíales en el conocimiento y obediencia de tu palabra, que te sirvan en esta vida, y moren contigo en la vida venidera; por Jesucristo nuestro Señor. *Amén.*

— COLECTA DICHA PARA CONCLUIR EL RITO BAUTISMAL DESPUÉS DE LA CONFIRMACIÓN, RECEPCIÓN O REAFIRMACIÓN [40]

Y les decía : "La mies es mucha, pero los obreros son pocos; por tanto, rogad al Señor de la mies que envíe obreros a su mies".

— LUCAS 10:2 (VERSIÓN REINA-VALERA)

No todas las traducciones del Evangelio de Lucas dicen "reza" o "rogad al Señor de la mies", muchas utilizan la palabra "pedir" en su lugar. Creo que el uso en la Reina-Valera de la palabra "rogar" capta mejor el significado. La cosecha es abundante, "Rogad, pues, al Señor de la mies, que envíe obreros a su mies".

Estas palabras me recuerdan de la parábola del sembrador, que siembra con abandono enorme, dispersando las semillas para que el fruto del evangelio se salga por todo el alrededor (Marcos 4:3-9). Debido al sembrador despilfarrador, hay una gran cosecha y se encuentra en todo tipo de suelos. Así, hay que rogar por obreros.

Es maravilloso pensar acerca de la iglesia Episcopal en sus mejores momentos en los pasillos del Congreso o en servicio en un mundo en crisis. Por supuesto, reflexionamos sobre la naturaleza única de nuestra fe adentro del cuerpo extendido de la iglesia de Cristo. En todo esto, no podemos olvidar nuestra herencia como episcopales: somos un pueblo misionero. Como vemos en la oración anterior que concluye el rito del bautismo, hemos sido llenados por el Espíritu Santo, para que podamos servir a Dios en esta vida y en la vida venidera. Y servir a Dios significa servir a la misión de Dios. Somos los obreros enviados a la cosecha.

Muchos han Laborado antes que nosotros

En el evangelio de Lucas, Jesús ofrece su oración para que los obreros se metan en la cosecha, en el medio de la comisión de un grupo de setenta personas cual misión es la de sanar, predicar, y proclamar el reino de Dios. Es un momento de gran emoción para estos primeros misioneros, pero debieron haberse sentido abrumados por la cantidad de trabajo que habían que hacer. "Jesús, la mies es mucha. Hay tanto para hacer. Necesitamos ayuda". "Orad pues, todos ustedes", debe haber dicho.

Tú y yo estamos al final de una larga línea de personas que respondieron a ese llamado, que eran la respuesta a la oración de Jesús. La misma iglesia Episcopal fue fundada por los cleros y los laicos misioneros que trajeron consigo la iglesia Anglicana de su patria. Esos sembradores, esos misioneros, cruzaron el océano con cajas de madera llenas de libros que utilizarían para preparar sermones e instruir a la gente y compartir el evangelio en un mundo nuevo. Esas mismas cajas se utilizaban como estantes de libros en su casa; fueron sus primeras piezas de mobiliario. Y también servirían para hacer su ataúd para su viaje de regreso a su casa final de la obra de un largo día en los campos de cosecha.

La iglesia Episcopal que llamamos nuestro hogar espiritual no sólo es benefactora de la gran obra misionera; sino que también ha enviado misioneros a obrar en los campos de Dios. En nuestro más reciente libro de los santos del pasado y de los tiempos más contemporáneos, llamado *Santas y Santos*,[41] recordamos estos misioneros en nuestras oraciones diarias durante todo el año. En la variedad de sus historias vemos la amplitud y profundidad de las buenas nuevas de Dios. Oímos de misioneros como Robert Hunt, quien fue el primer capellán en Jamestown en 1607, y Molly Brant, quien daba testimonio de su fe entre el pueblo mohawk. Aprendemos de obispos misioneros que sirvieron a la iglesia en el Brasil y en Tennessee, en China y Japón, las islas Filipinas, Haití y la República Dominicana. Vemos el deseo de compartir el evangelio vivo en los esfuerzos de gente tan diferente como Marianne de Molokaii, que era una leprosa y misionera en Hawaii al principio del siglo XX, y Harriet Bedell, una diácona y misionera entre los pueblos de los Seminoles en Florida y que murió en 1969. En sus vidas vemos lo que significa ser un sembrador de las semillas del evangelio en una variedad de lugares y en todo tipo de suelos.

Hemos sido bendecidos con muchos sembradores, muchos santos. Para mí, cuatro de ellos son esenciales para la comprensión del espíritu misionero de nuestra iglesia Episcopal.

El primero es *Jackson Kemper*. Nació el 24 de diciembre de 1789, en Pleasant Valley, Nueva York. Creció como episcopal en medio de un gran renacimiento misionero. Gente fueron en masa al oeste, y nuestra iglesia enviaba a misioneros a trabajar en medio del joven país. Kemper fue ordenado sacerdote en 1814, y para 1835, fue el primer obispo misionero en ir al oeste para apoyar los esfuerzos de estos clérigos y laicos pioneros.[42]

Él estableció una universidad en St. Louis, Missouri, con el propósito de formar a hombres jóvenes para el ministerio. También fundó el Seminario de Nashotah House y Racine College en Wisconsin. Impulsaba un amplio alcance a los indígenas nativos y encargaba traducciones de la Biblia y las liturgias de la iglesia en sus idiomas. Con palabras como éstas, trajo el celo y la convicción misionera que inspirarían a generaciones:

¡Que peculiar, que importante es la posición de nuestra Iglesia! Poseemos todas las características que distinguían a la iglesia primitiva: — una liturgia basada en las escrituras — doctrinas basadas en los Evangelios y la sucesión apostólica que tiene la forma de la devoción y su eficacia, libres de los escrúpulos falsos y mundanos y las políticas oportunistas de los gobiernos civiles de los funcionarios a los gobiernos, teniendo independencia respeto e influencia en medio de un pueblo inteligente, emprendedor y comercial. ¡Hermanos! . . . ¿Estamos preparados? ¿Estamos haciendo en este momento actual, al menos la décima parte de lo que somos capaces? . . .

Con los talentos que poseemos, (como buenos mayordomos, debemos dar cuentas, finalmente, a esa hora cuando ningún secreto puede estar encubierto), con los talentos encargados a nuestro cuidado y los privilegios que disfrutamos, ¿pueden acaso aumentar nuestra fe, nuestra generosidad y nuestra abnegación? ¿No pueden ser más fervientes nuestras súplicas, más estricta nuestra economía, y nuestro amor por las almas más ardiente? ¿Tenemos nosotros, como individuos, o como iglesia, un profundo y permanente interés en el éxito de las misiones?

Ningún hermano aquí nos acusaría de indiferencia
o cobardía. Pero me gustaría despertar, con el
permiso de Dios, la mente pura de cada uno, para
recordarles. Es el espíritu misionero que con empeño
y más cariñosamente recomiendo.[43]

Muchas diócesis deben su nacimiento y su vida al
espíritu misionero de Jackson Kemper y los líderes
fieles que dejaron sus hogares para servir en pueblos
pequeños fronterizos, todo con el fin de asegurarse de
que su testimonio de las buenas nuevas de Jesucristo y
la manera episcopal particular de seguirlo crecieran en
los campos misionero fértiles del oeste.

Julia Chester Emery fue añadida al calendario episcopal
en 1994, en la víspera de mis Exámenes Generales de
Ordenación como preparación para el sacerdocio. La
estudié junta con las otras agregaciones de ese año; no
fue sorprendente para mí que Emery se destacara. De
hecho, uno de mis libros más preciados es *A Century of
Endeavor (Un siglo de esfuerzo)*, la crónica de Emery de
la gran época misionera, que incluyó luminarias como
Jackson Kemper.

El padre de Emery fue un capitán marino y dos de sus
hermanos eran sacerdotes. Una hermana siempre daba la
hospitalidad para los misioneros que visitaban la ciudad
de Nueva York, mientras que fielmente cuidaba de una
hermana infirma. Su hermana María precedió a Julia en
la Junta de Misiones, pero Julia Chester Emery fue la
que sirvió como la secretaria nacional de la Auxiliar de
mujeres de la Junta de Misiones desde 1876 a 1916.[44]

Se las ingenió para visitar todas las diócesis de los Estados Unidos, y en otros lugares en Japón, en el interior de China, Hong Kong y las islas Filipinas, mientras trabajaba para coordinar y animar a la misión. Ella incluso se desempeñó como delegada al Congreso Pan-Anglicano en Londres.

Emery inventó la Ofrenda Unida de Gracias (UTO) un fondo organizado por las mujeres para apoyar las misiones, que hasta este día sirve como la roca sólida sobre la que muchas misiones se construyen. Su compromiso con el financiamiento de la misión tendría un impacto en casi todas las diócesis del oeste de los Estados Unidos. Estoy particularmente agradecido por sus esfuerzos para recaudar fondos para pagar un número de clérigos que viajó al primer campo exterior de la iglesia Episcopal, la extraña nueva tierra de Texas.

El compromiso de Julia Chester Emery a la misión me inspira como obispo, porque yo sé que estoy sobre los hombros de los misioneros que han venido antes de mí. Ella me recuerda que las labores de innumerables hombres y mujeres anónimos que difundieron el evangelio a través del testimonio particular de la Iglesia Episcopal dependían del apoyo de aquellos cuyos corazones ardían para la misión y cuyos donativos apoyaban la proclamación del evangelio.

Otro de mis misioneros favoritos es *James Theodore Holly*. Fue el primer obispo afroamericano de la iglesia Episcopal, sirviendo a la nueva diócesis de Haití, y más tarde la diócesis de la República Dominicana también.[45]

Nacido en 1829 en Washington, DC, fue descendiente de esclavos liberados. Su tatarabuelo James Theodore Holly era un escocés viviendo en Maryland. Él fue el amo de varios esclavos de la familia Holly quien liberaba en 1772, incluyendo a su hijo y homónimo, James Theodore Holly.

Holly creció en la fe católica romana. Se ligó con Frederick Douglass y otros abolicionistas negros y empezó a ser activo en el movimiento luchando contra la esclavitud. Salió de su iglesia por una disputa sobre la ordenación de clérigos negros locales y se unió a la iglesia episcopal en 1852.

Él era un zapatero, luego un profesor y director de escuela antes de su propia ordenación en la iglesia episcopal a los veintisiete años de edad. Holly fue rector en la iglesia San Lucas en New Haven, Connecticut, y en 1856 ayudó a fundar la *Sociedad Protestante Episcopal para promover la extensión de la Iglesia entre las Personas de Color,* precursor de la *Unión de episcopales negros.* Este grupo desafió a la iglesia a tomar una posición contra la esclavitud en la Convención General.

En 1861 él y su familia llevaban a un grupo de africanos americanos que habían decidido mudarse a Haití, la primera república de negros del mundo. Varios miembros de su familia y muchos otros colonos murieron en Haití por enfermedad y la gran dificultad de la misión, sin embargo Holly fue decidido a plantar una iglesia episcopal en ese país nuevo. En julio de 1863, organizó la iglesia de la Santísima Trinidad. Estableció escuelas e iglesias, y se capacitó a los jóvenes a ser sacerdotes. Él escribió sobre ese tiempo que igual "como el último apóstol sobreviviente de Jesús estaba en la tribulación. . . en la desamparada isla de Patmos, así que, por su Divina Providencia, [Cristo] había traído esta tribulación sobre

mí para un final similar en esta isla en el mar Caribe".[46]
Él pagó el precio más alto con el fin de extender el
anuncio de Jesucristo a través de la adoración y misión
única y particular de la iglesia Episcopal.

En 1874 fue ordenado obispo en la iglesia de la
Gracia en la ciudad de Nueva York por la Sociedad
Americana Misionera de la Iglesia, una rama evangélica
de la Iglesia Episcopal. Hasta su muerte en 1911, él era
leal y comprometido en su causa: liberar a los esclavos
negros antes de la emancipación y de llevar el mensaje
del evangelio y una mejor vida a la gente de Haití.

Una historia más de los misioneros vale la pena
recordar aquí. *Lillian Trasher* estaba en piloto automático
en 1909, comprometida a casarse y ocupándose de sus
propios asuntos. A cambio, se enamoró de la misión de
Jesucristo cuando oyó un misionero dar un testimonio
sobre su trabajo en la India. Canceló la boda, segura
que Dios la había llamado para servir. No sabía a
dónde iba, entonces abrió la Biblia y leyó el pasaje que
encontraba. Era Hechos 7:34: "Claramente he visto
cómo sufre mi pueblo, que está en Egipto. Los he oído
quejarse y he bajado para librarlos. Por lo tanto, ven,
que te voy a enviar a Egipto". Lillian se convirtió en
una de los grandes misioneros de caridad a los niños
de Egipto. Llegó a un pequeño pueblo llamado Asiut
cerca del Nilo y de inmediato fue llamada a la cabecera
de una madre moribunda. Después de la muerte de la
madre, ella se quedó al cuidado del desnutrido niño,
hasta que se sano. Y así comenzó el orfanato por el cual
es conocida y amada.[47]

Estos son sólo algunos de los hombres y mujeres que
han respondido al llamado de compartir el evangelio
con la gente que todavía no ha escuchado la buena
noticia. Cada uno eligió a hacer su testimonio a través
de la particular vasija de la iglesia Episcopal, y oramos
por una vida que refleje la luz de estos santos.

Llamados a ser misioneros

El cuidado de los niños abandonados y desnutridos
fue la misión de Lillian. ¿Cuál es la tuya? Así como los
misioneros y evangelistas nombrados y anónimos de
nuestro patrimonio episcopal escucharon el llamado a
servir y proclamar el evangelio, tú eres una respuesta a la
oración de alguien. Tienes tu propia historia que contar,
estás caminando una peregrinación única. En este lugar
y en este momento particular de tu vida, tú eres una
respuesta a las oraciones de Jesús, y sus discípulos, y los
setenta que oraban a Dios "Envíe un obrero a unirse a
nosotros, Señor, porque la mies es mucha".

La mayoría de estos santos en el pasado de nuestra
iglesia no tenían idea de donde les llevaría su testimonio.
Así que está bien que probablemente no sabes adonde
Jesús te está llevando mientras tratas de comprometerte
a una regla de vida y compartir las buenas nuevas del
amor reconciliador de Jesús con el mundo en palabra y
en acción. Pero confía en que él te está guiando.

Puedes estar diciéndote a ti mismo: "¡Está bien, lo
entiendo! Soy episcopal y se supone que debo ser un
misionero. ¿Pero cómo se supone exactamente que
debo hacerlo?"

Déjame ser claro: Tú y yo sólo podemos hacer este trabajo en conjunto y con la gracia de Dios. De hecho, la obra entera de la comunidad cristiana es la de transformar vidas individuales igual como las nuestras, de manera que todos nos acerquemos más a Jesucristo y lleguemos a orientar nuestras vidas según los propósitos de Dios, a través del poder del Espíritu. Mientras que ese cambio se desarrolla, podemos ayudar a nuestras propias iglesias que se convierten en bases fronterizas de la misión donde los episcopales siguen la misión de Dios. Y con el tiempo podemos ayudar a otros peregrinos para que encuentren descanso y también encuentren su propia vocación adentro de la iglesia y en asociación con nuestras iglesias.

Uno de los hermanos del obispo misionero Lucien Lee Kinsolving fue nuestro segundo obispo de la Diócesis Episcopal de Texas. Su nombre era George Herbert Kinsolving. Conocido como *George Texas*, fue uno de los grandes obispos misioneros de Texas. Fue invitado al Seminario Teológico de Virginia en 1902 para dar una charla sobre la misión y esta duró tres días. Al reflexionar sobre el trabajo de los reformadores y su misión, escribió estas palabras:

[Los reformadores], si ustedes recuerdan, fueron encargados de remodelar un sistema antiguo, que había existido por muchos siglos, pero que de alguna manera en el transcurso del tiempo, extrañamente, estaba ya fuera de reparación, y tristemente necesitaba reconstrucción. Numerosas piedras se habían caído de las paredes de este Sion, y masas acumuladas de residuos y basura eran visibles por todas partes. Todas las cosas parecían que se desmoronaban a la decadencia y la ruina;

bestias salvajes de varios tipos se habían metido
por las brechas del recinto, y fueron pisoteando las
flores celestiales que crecían adentro, y haciendo
un estrago terrible con los árboles y las frutas
plantadas en este jardín que eran sembrados por la
propia mano del Señor; así que hombres sinceros y
fieles consideraban que era necesario reponer estas
piedras en su posición anterior, para construir de
nuevo las torres, para eliminar la suciedad, renovar
a fondo la estructura y devolverle su condición
original.[48]

Tú y yo somos creados para ser un pueblo misionero,
y estamos rehaciendo, remodelando y volviendo a
imaginar junto con las generaciones que nos han
precedido y las que aún no han venido. Incluso si parece
que eres uno de las pocas personas comprometidas con
la misión, incluso si no estás seguro dónde encajas en
este gran plan de Dios, no estás solo en esta obra de
restauración y remodelación. Muchos han venido antes
que tú. Y puedes tomar parte para dar la bienvenida a
los demás que se convertirán en obreros también.

Evangelismo Generoso

La misión es creativa y enérgica, aventurera e
inspiradora. Es inevitable compartir la historia de lo que
estamos haciendo y del Dios a quien servimos. No le
decimos a la gente las buenas nuevas para que cambien
a "nuestra" forma de hacer las cosas. No le decimos a
la gente las buenas nuevas para que comiencen a venir

a la iglesia. Compartimos la buena nueva de cómo Jesús ha cambiado nuestras vidas. Escuchamos, hablamos y compartimos con los demás de nuestro amor a Jesús y a su iglesia episcopal; porque la gracia y la misericordia son contagiosas.

Este espíritu generoso se propaga cuando está enraizado en el amor. Comparto el amor de Dios contigo porque el amor de Dios se desborda en mi vida. Yo soy una mejor persona porque descubrí el amor y la compasión de Dios. Soy una mejor persona porque ahora sé que mi valor no se basa en la opinión del mundo, sino en mi relación con el Dios que creó el mundo. No puedo dejar de decir todo lo que Dios me ha revelado y cómo la iglesia Episcopal vive esta realidad en la comunidad y en el servicio con otros.

Tal evangelismo es una epidemia; es decir, se propaga. En su libro: *The Tipping Point: How Little Things Can Make a Big Difference* (El punto crítico: cómo pequeñas cosas pueden hacer una gran diferencia), Malcolm Gladwell habla de movimientos más como una epidemia de una economía de escala.[49] Sólo se necesita un pequeño grupo de personas para difundir una idea o el poderoso amor de Dios, a través de toda la población.

Piense en el pequeño grupo de los doce discípulos, en comparación con todo el Imperio Romano. Piense en los setenta enviados por Jesús, en comparación con la nación entera de Israel en sus días. Tú y yo recibimos la fe de sólo unas pocas personas en todo el ámbito de la misión dentro de la iglesia episcopal; esas colonias de primeros misioneros trajeron con ellos la fe que recibimos como herencia.

Sólo se requiere un par de personas, haciendo pequeños cambios, a convertirse en una masa de personas que creen en el propósito de la iglesia que es la transformación de las vidas y del mundo a nuestro alrededor. El evangelio de Jesucristo revelado en la vida de la iglesia Episcopal se puede propagar, y sucederá de manera constante, de manera orgánica, y de manera exponencial a través de lo que yo llamo, el evangelismo generoso.[50]

El evangelismo generoso es cuando nuestra iglesia, por un sentido de la gracia abundante, desborda sus límites al mundo. El evangelismo generoso escucha a los demás cuando cuentan sus cuentos de peregrinación en búsqueda de Dios, en medio de una cultura desierta. El evangelismo generoso ocurre cuando la gente está dispuesta a caminar con otras personas que ya hacen su viaje. El evangelismo generoso primero escucha, y luego señala la presencia de Jesucristo en las vidas de los demás, revelando los iconos e imágenes de Dios actuando en la vida de cada persona. El evangelismo generoso invita a la gente a formar parte de la comunidad. Se les da una bienvenida. Se les ayuda a encontrar un lenguaje, un idioma particularmente Episcopal para entrar en la conversación de fe. Este tipo de evangelización encarna voluntariamente la manera episcopal de seguir a Jesús. El evangelismo generoso se preocupa por dar la bienvenida a las personas, a sus familias y otros a una vida sacramental con Dios; a través de la Iglesia Episcopal.

Tenemos que trabajar en la iglesia para mantener nuestro enfoque principalmente en vivir y compartir el Evangelio, eso es lo más importante. Nosotros somos la obra renovadora, re iniciadora y re modeladora de obra del Evangelio. Sólo se necesitan unos cuantos de nosotros para recordar y recuperar nuestro legado. Sólo se requiere unos pocos para ayudar a los demás a descubrir el amor reconciliador de Jesucristo, para que muchos más puedan llegar a conocer a Dios en Jesucristo, como su Señor y Salvador.

Llevando el Mensaje al Camino

Eres la persona por quien esta iglesia ha estado orando. Puedes dudar de mí, y puedes poner en duda el poder del Espíritu obrando en ti. Pero te diré que no hay noticias como las nuevas del Evangelio. Eres un portador de esa Palabra que da la vida. La mayor parte de las noticias que oímos entra por un oído y sale por el otro. La mayor parte de las noticias que se publican en Facebook se cambiará segundos después. Las buenas nuevas del Evangelio, la transformación de las vidas de las personas a causa de su relación con Jesucristo, hace una diferencia duradera. Lo sé, por mi propia experiencia.

Un día en una conversación teológica profunda con mi mejor amigo, se me salió que yo no necesitaba que las Escrituras me hablaran de la resurrección. Mi amigo estaba asombrado. Yo también lo estaba. Por cierto, me encantan y valoro las Escrituras. Pero los primeros cristianos no tenían un Nuevo Testamento hasta los mediados del siglo IV, e incluso en ese entonces la mayoría no sabían leer o no podían tener sus propias copias. Las historias resonaron porque reconocieron la resurrección en sus vidas. Y sé que la resurrección es verdad porque lo he vivido en mi propia vida. Tú y yo, cada uno hemos tenido momentos de resurrección, y gracias a nuestros propios evangelistas personales,

podríamos entender lo que estaba sucediendo. Esos
fieles fueron testigos de la realidad de Jesucristo y el
Espíritu Santo que actúa en nuestras vidas. Y debido
a esos cambios, seremos para siempre transformados
y conectados. Gladwell ofrece otra visión sobre este
punto; él llama tal conexión "el factor pegajoso".[51]
Cuando la transformación sucede, la gente no se lo
olvida.

La única manera es producir el punto crítico, la
única manera en que la transformación realice círculos
cada vez más amplios, la única forma en que la cosecha
produce flores y da fruto, es a través de nosotros
viviendo y difundiendo la misión de Dios en el mundo.
Puedes tener una iglesia hermosa, música maravillosa,
sacerdotes y obispos por todos lados, pero si no estamos
compartiendo las historias y ayudando a Dios para
cambiar vidas, entonces no estamos haciendo nuestro
trabajo del evangelio.

Y sí, esa obra es necesaria. Nuestro mensaje del
evangelio del amor y la esperanza, nuestro mensaje
acerca de cómo Jesús nos ama, y cómo la Iglesia
Episcopal es una comunidad especial donde el amor
es real para todos los tipos y condiciones de personas;
un mensaje creado para el mundo. De hecho, es un
mensaje que el mundo necesita oír. Nuestro contexto
misional es un mundo dividido a lo largo de las líneas
de la cultura, la política, la sexualidad, la ciudadanía,
y cualquier otro tipo de demarcación que podemos
imaginar. Dentro de esta iglesia, todos esos cuerpos,
con todas sus diferentes ideas, llegan a conocer y amar a
Jesús y llegan a conocer y amar a otros. Nuestro mundo
está hambriento y muerto de hambre por la Palabra de
Dios proclamada por nuestro tipo de iglesia, la iglesia
Episcopal.

La iglesia Episcopal tiene que salir del edificio y llevar su mensaje único y sin vergüenza al camino. Nosotros debemos ir afuera de nuestra propiedad y a las calles. Debemos ir como servidores de la Biblia, para reunirnos con todo tipo de personas en el salón de banquetes. Debemos ser una iglesia que se reúne en bibliotecas y cafeterías durante el día, y luego reunirnos en los bares y restaurantes locales hasta el amanecer. Nosotros tenemos que ser una iglesia que empaque el Evangelio para salir al mundo y lo desempaque para la gente que cree que la iglesia no tiene nada que ofrecer, gente que ya ha sido golpeada bastante por la religión.

Puedo prometerte que la mayoría de las comunidades de fe están intentando averiguar nuestro desconcertante contexto cultural contemporáneo. Las mega-iglesias y las pequeñas iglesias y todas las denominaciones están tratando de entender este nuevo mundo. La iglesia Episcopal ya tiene antecedentes. Probamos hacer la difusión del evangelio en Haití en el 1800. Si los santos misioneros pudieron hacerlo entonces, sin duda podemos abrazar hoy en día nuestros nuevos contextos de misión.

Tenemos lugares perfectos donde lanzar este renovado esfuerzo misionero. Tenemos congregaciones con puestos misioneros en toda la nación. Algunas se encuentran en lugares remotos; otras están en el corazón de las grandes ciudades. Estas funcionan como estaciones de paso para los peregrinos que buscan a Dios en el mundo. Comparten el pan del Evangelio como el maná para el viaje. Proporcionan protección de la tormenta y dan refugio para aquellos maltratados por la vida. Y siempre, equipan y envían los obreros por los cuales Jesús oraba.

Es tentador explorar alguna otra vocación como iglesia. ¿No podríamos ocuparnos de nuestros asuntos y guardar para nosotros mismos esta hermosa iglesia y ese Dios amoroso? No, día a día, en nuestras palabras y en nuestras acciones, debemos hacer visible la vida y la misión de Jesús. Y debemos mostrar a quienes nos encontramos y a los que vienen a nosotros, nuestra propia y única espiritualidad, y maravillosa expresión episcopal de la fe cristiana. La gente escuchará y vendrá porque quieren oír y participar de nuestra visión particular del mundo, y ver lo que dice Dios a sus propias vidas. Si ellos quieren oír acerca de otras denominaciones u otras religiones, los estudiarán o los probarán. Si vienen con nosotros, es porque quieren escuchar el evangelio y nuestra comprensión particular del mismo. Ten cuidado: los que están en búsqueda pueden oler la inautenticidad y la falta de sinceridad de una milla de distancia. Cuando entran en nuestras iglesias, están buscando episcopales quienes les hablarán acerca de Jesús. . . y en serio.

El trabajo no es sólo una cosa de domingos, y no se trata sólo de algo que sucede adentro de la iglesia. Jesús no dijo a los setenta, "Esperen aquí y voy a ir a buscar a la gente para ustedes". Jesús no dijo, "Esperen aquí en el granero. Yo, traeré la cosecha". La mies está afuera.

Si vas a caminar por el camino de Jesús en la iglesia Episcopal, debes saber que caminas una larga línea de hermanos y hermanas misioneros que han estado preparando el mundo para Jesús. Cuando nuestro Salvador ora: "Cuántas veces he deseado reunir a sus hijos, como la gallina a sus polluelos debajo de sus alas." (Mateo 23:37), tú y yo nos extendemos como sus alas, recopilando todo el pueblo de Sion.

El mundo no necesita una vieja idea de la iglesia o cierta narrativa olvidada desde hace mucho, como la derrumbada iglesia ante-Reforma que George Texas describió. El mundo no necesita a más gente religiosa contenta en sus bancas con su Jesús personal y privado. El mundo necesita amantes de Jesús que sean orgullosos de ser episcopales. El mundo necesita un organismo misionero vivo y vital que sea solidaridario con la comunidad en la cual Dios los ha plantado.

Orgullosamente Episcopal

¿Cómo sabremos si realmente estamos viviendo lo mejor de nuestro patrimonio episcopal? ¿Cómo sabremos si nuestra misión está funcionando? ¿Cómo sabremos que estamos haciendo avances en los campos de Dios?

Lo sabremos porque nuestros ministerios transformarán y renovarán el mundo como parte de la restauración continua que comenzaba en la resurrección de Cristo. Nuestras propias vidas serán caracterizadas por una mayordomía excepcional de los recursos de tiempo y dinero que se nos habían confiado. Nuestra obra será la excelencia en la misión. Sabremos que estamos haciendo progreso cuando la evangelización (la proclamación de las buenas nuevas de la salvación y la historia única de Jesucristo) y el cuidado de los demás se conviertan de nuevo en las señas de identidad de la iglesia Episcopal.

Sí, creo que deberíamos prestar atención a nuestro promedio de asistencia los domingos. Sí, es importante dar la bienvenida a más gente para ser obreros colaboradores a través del bautismo, de la confirmación, y la recepción en la Comunión Anglicana. Importa que la edad promedio (actualmente cincuenta y siete años) disminuya para reflejar nuestro contexto de misión (que está más cerca de treinta y cinco años). Sabremos que hemos dado un giro cuando nuestro liderazgo, tanto ordenado como laico, tenga más diversidad étnica y se vea más como las comunidades que vemos a nuestro alrededor. Todo esto es cierto.

Pero yo creo en mi corazón que realmente vamos a saber que estamos haciendo una diferencia en el reino de Dios cuando veamos a más personas que se conectan a Jesucristo a través de nuestra misión, y ver a la gente de todas las edades participando en una formación seria y transformadora. Vamos a ser capaces de celebrar cuando cada año, cada diócesis comience nuevas iglesias (comunidades de fe, misiones, parroquias), y veamos el vivir y el morir como expresiones saludables de una iglesia emprendedora en relación activa y en comunicación con el mundo en el que realizamos el ministerio. Sabremos que estamos haciendo progreso cuando vemos congregaciones en todas partes extenderse con un compromiso renovado y creativo para mejorar la vida de su prójimo — en cuerpo, mente y espíritu.

El mundo necesita episcopales que amen a los demás, cuiden a otros, que sientan la necesidad de los demás, y den la bienvenida a otros. El mundo necesita gente de fe que escuche primero y hable después, que estén dispuestos a salir de sus casas cómodas de oración y escuchar el clamor del pueblo de Dios en las calles. Si nosotros somos la respuesta a la oración de Jesús, entonces también somos la respuesta a las oraciones del mundo: los que vienen a nosotros y los que están esperando para ser encontrados y ser escuchados y ser acogidos. Y Jesús es claro: la única manera de encontrarlos es si caminamos afuera, orgullosamente viviendo nuestra fe.

Alza tus ojos y mira el mundo que está en necesidad de Jesús y aquellos que lo aman y lo siguen. Cuando me imagino cada uno de nosotros asumiendo ese llamado, no puedo evitar recordar las palabras inspiradoras de Texas George. Concluyó sus observaciones a los futuros sacerdotes, los cleros y los misioneros reunidos con él en el Seminario de Virginia con estas palabras:

El trabajo puede ser lento y arduo, pero en el tiempo de Dios, en sus maneras, y por sus medios, la victoria coronará nuestros esfuerzos al final. "Ven, vendrá, ven y tendrá que venir",. . . "y oh, qué gozo y privilegio sentir que podemos realmente ayudar en esa labor. . . y compartir en el triunfo final de su causa gloriosa. La visión consolaba a San Juan en Patmos, cuando vio la santa ciudad, la nueva Jerusalén, que descendía del cielo, de Dios, teniendo la gloria de Dios. San Agustín miró con entusiasmo la misma fascinante visión, mientras que el imperio romano se desmoronaba a su alrededor; y la voz de Dios susurra a nuestras almas, incluso mientras hablamos, y nos pide que contemplemos con fe en una visión, e incluso mientras la miramos, puede dejar de ser una visión para ser transformada en una realidad consumada.[52]

Notas Finales

1. "La Acción de Gracias General" en el Servicio de la Mañana Oración, *El Libro de Oración Común* (LOC) (Nueva York: Iglesia Himnario, 1979), 65. Originalmente como en *El Libro de Oracion Comun* (Nueva York: Church Hymnal, 1979), BCP 101.

2. Jon Meacham, *American Gospel* (Nueva York: Random House, 2007), 65.

3. Meacham, *American Gospel*, 230.

4. Meacham, *American Gospel*, 160.

5. Meacham, *American Gospel*, 167.

6. Citado en Meacham, *American Gospel*, 203.

7. La Iglesia Episcopal incluye las iglesias de la siguiente países: Estados Unidos de América, Taiwán, Micronesia, Honduras, Ecuador, Colombia, Venezuela, Haití, la República Dominicana, las Islas Vírgenes, Puerto Rico, Convocatoria de Iglesias Episcopales de Europa (Austria, Bélgica, Francia, Alemania, Italia y Suiza).

8. LOC (1979), 288. BCP, 365.

9. LOC (1979), 221. BCP, 301.

10. Christian Smith y Melina Lundquist Denton, *Soul Búsqueda: La vida religiosa y espiritual de América del Adolescentes* (Nueva York: Oxford University Press, 2005), 162-163.

11. LOC (1979), 750. BCP, 857.

12. LOC (1979), 224-225. BCP, 304-305.

13. R. S. Thomas, "El Reino", en *Poemas Recogidos (Collected Poems) 1945-1990* (London: Phoenix Press, 2002), 233. Usado por permiso.

14. LOC (1979), 204. BCP, 304.

15. Palabras de Lesbia Scott (b. 1898), en *El Himnario* 1982 (Nueva York: Iglesia Himnario, 1985), himno 293.

16. LOC (1979), 224. BCP, 304.

17. Stan Cohen y Donald Miller, *The Big Burn: La Gran Quemadura-Incendios Forestales del Noroeste de 1910* (Missoula, MT: Pictorial Histories Publishing Co., 1978).

18. Peter Ponzio, "A Man on Fire", poema inédito. Utilizado con permiso.

19. LOC (1979), 224. BCP, 304.

20. Jonathan Thompson, "Escalador Sigue Abuela's Pasos", 21 de marzo de 2004, www.seclimbers.org.

21. Thompson, "Escalador Sigue Abuela's Pasos"

22. LOC (1979), 225. BCP, 304.

23. *La Regla de la Sociedad de San Juan Evangelista* (Cambridge, MA: Cowley Publications, 1997), 44.

24. Karl Rahner, *El Encuentro con el Silencio: Clásicos de la Escritura* (South Bend, IN: Prensa de San Agustín, 1999), 219.

25. Richard Meux Benson, citado en *La Regla de la Sociedad de San Juan Evangelista*, 51.

26. LOC (1979), 225. BCP, 304.

27. LOC (1979), 706. BCP, 816.

28. LOC (1979), 225. BCP, 305.

29. John Hines, c. 1980. De papeles personales utilizados por el autor para preparar una conferencia dada al Colegio de Predicadores, Washington, DC.

30. LOC (1979), 225. BCP, 305.

31. N.T. Wright, *Sorprendido por la Esperanza: Repensando el Cielo, la Resurrección, y la Misión de la Iglesia* (Nueva York: HarperCollins, 2008), 185.

32. W. D. Davies y Dale C. Allison, *El Evangelio Según San Mateo* (Edinburgh: T & T Clark, 1997), 199.

33. Juan Chrystostom, *Homilías sobre Mateo*, homilía 69; http://www.ccel.org/ccel/schaff/npnf110.iii.LXVI.html.

34. Adaptado de la Comunidad de Iona *Un Libro Pequeñito de Culto* (Chicago: GIA Publications, 1999), 95.

35. LOC (1979), 225. BCP, 305.

36. Howell Raines, *Flyfishing through the Midlife Crisis* (Nueva York: Anchor Books, 1994).

37. Citado en "Compartir el Evangelio de la Salvación: GS Misc 956 "(Londres: Sínodo General de la Iglesia de Inglaterra, 2010), sec. 72.

38. "Compartiendo el Evangelio de la Salvación", sec. 73.

39. "Compartiendo el Evangelio de la Salvación", sec. 11.

40. LOC (1979), 230. BCP, 310.

41. *Santas, Santos: Celebración de los Santos* (Nueva York: Church Publishing Inc., 2010). Inicialmente publicado en inglés: *Holy Women, Holy Men: Celebrating the Saints* (Nueva York: Church Publishing Inc., 2010).

42. "Jackson Kemper," *Santas, Santos*, 372. *Holy Women, Holy Men*, 384.

43. Jackson Kemper, *"El Deber de la Iglesia con Respeto a las Misiones"*, un sermón predicado ante la Junta de Misiones de la Iglesia Protestante Episcopal en los Estados Unidos, en la Capilla de St. Paul, Nueva York, 7 de Octubre de 1841.

44. "Julia Chester Emery," *Santas, Santos*, 150. *Holy Women, Holy Men*, 162.

45. "James Theodore Holly," *Santas, Santos*, 258. *Holy Women, Holy Men*, 270.

46. Citado en "James Theodore Holly," *Santas, Santos*, 258. *Holy Women, Holy Men*, 270.

47. "Lillian Trasher," *Santas, Santos*, 114. *Holy Women, Holy Men*, 126.

48. George Herbert Kinsolving, "Carga de la Iglesia" (Nueva York: Edwin S. Gorham, 1902), cap. 1; http://anglicanhistory.org/usa/ghkinsolving/burden1902/01.html.

49. Malcolm Gladwell, *El Punto de Inflexión: Cómo Poco Cosas Pueden Hacer una Gran Diferencia* (Nueva York: Back Bay Libros, 2002), 2.

50. Para más información sobre "La Generosa Evangelización", ver del autor serie de conferencias dadas evangelismo en noviembre de 2011, www.adoyle.libsyn.com/webpage/2011/11.

51. Gladwell, *El Punto de Inflexión*, 19.

52. Kinsolving, "Carga de la Iglesia", cap. 3; http://anglicanhistory.org/usa/ghkinsolving/burden1902/03.html.